U0853618

金融科技乱象

CHAOS OF FINTECH

张化桥 张杼航 | 著

中国人民大学出版社
· 北 京 ·

图书在版编目（CIP）数据

金融科技乱象 / 张化桥，张杼航著. -- 北京 ：中国人民大学出版社，2021.6
ISBN 978-7-300-29311-0

Ⅰ. ①金… Ⅱ. ①张… ②张… Ⅲ. ①金融企业－高技术企业－企业发展－研究－世界 Ⅳ. ① F831.2

中国版本图书馆 CIP 数据核字（2021）第 068486 号

金融科技乱象
张化桥　张杼航　著
Jinrong Keji Luanxiang

出版发行	中国人民大学出版社		
社　　址	北京中关村大街 31 号	邮政编码	100080
电　　话	010－62511242（总编室）		010－62511770（质管部）
	010－82501766（邮购部）		010－62514148（门市部）
	010－62515195（发行公司）		010－62515275（盗版举报）
网　　址	http://www.crup.com.cn		
经　　销	新华书店		
印　　刷	北京联兴盛业印刷股份有限公司		
规　　格	148mm×210mm　32 开本	版　　次	2021 年 6 月第 1 版
印　　张	7.75 插页 2	印　　次	2021 年 6 月第 2 次印刷
字　　数	150 000	定　　价	59.00 元

版权所有　侵权必究　　　印装差错　负责调换

如何对付金融过剩?

今天，金融过剩是个世界性的问题，中国也不例外：我们的广义货币供应量已经超过了欧共体与美国之和，虽然我们的经济总量比美国小四成。

金融行业的产能过剩必然迫使人们寻找出路，这个出路就是次贷。人们总能发明词汇来美化次贷：消费信贷、小微企业贷款、普惠金融。

次贷并没有什么错。但它与烟草、酒精、博彩和安眠药一样，必须适可而止，而且，只能卖给适当的人群。

我们在次贷行业浸泡了十年，尝够了苦头。这本书是一次认真的检讨。在写作中，我们参考了欧美、印度和南美洲的教训，吸收了海内外的学术成果。我们尽了最大的努力，避开华丽而空洞的词汇。

每个金融过剩的国家都不是一夜之间变成过剩的，而是一步一步走过来的，因此人们都是一点一点说服自己接受现实的。所以，很少有人觉得现实不正常。我们也许只有摔过跤，或者与世隔绝很久之后，才会觉得现实很奇怪。

第一章介绍中国次贷行业的现状，以及借贷双方的互相伤害。我们呼吁大家猛醒，建议次贷机构早点收场，并且政府应该开始打造一个全新系统，以解决空前的信贷纠纷。

第二章回顾中国四十多年的金融深化历程。大家不要指责任何人。其实，一切都很顺理成章，我们共同犯了一个巨大的错误。

2008 年，美国的次贷危机震撼了世界。第三章比较了中国与美国在法律背景和企业行为方式上的区别。

第四章简单介绍次贷的消费者的适当性这一概念。

第五章是对两本名著的介绍。两位作者分别来自英国和美国，长期参与和研究第三世界国家的普惠金融，有很多有趣的角度、案例。

第六章是我们的一个假说：世界上很多穷国的劳动力过剩，于是依靠劳动力输出。这解决了短期的就业问题。可是无数个短期的累加，就成了长期。可惜政府没有被倒逼，做最困难的事情：创立大工业，打造基础设施。劳动力输出成了一个逃避的办法，结果害了这些穷国的长远利益。它们可能会一直穷下去。有趣的是，消费信贷、小微企业贷款也是一个让政府逃脱责任的临时性出路。它固化贫困，甚至创造贫困。中国，由于阴差阳错的原因，没有走上这些歧途。

第七章是对时髦的金融科技的解剖。它们是新瓶装旧酒，让危机来得更快而已。

第八章是我们的约稿。经济学家周琼从理论上分析什么叫金融过剩。她引用多篇海外学术论文，批判了我们的部分结论，特别是关于小微企业和消费信贷的利弊。我们很感激她的智慧之言。

第九章讲一个非常独特、超级成功的次贷公司——澳大利亚的 Afterpay。它已经把业务拓展到英国、美国。人们在惊叹它的成功时，也发现它的业务模式很难学习。

第十章分析欧洲、美国和墨西哥次贷行业的几个翘楚：LendingClub、Amigo Group、Funding Circle、Sofi、GreenSky、Compartmentos，介绍它们的业务模式，回答一个问题：它们的信贷究竟有什么抓手？人家不还钱，它们怎么办？

书的后面几章就是案例：平安壹账通如何赚钱？微众银行和蚂蚁金服究竟靠什么抓手？马上金融能够获得成功吗？美国的 Capital One 这 5 年为什么好像不行了？

在写作本书的过程中，我们一直在辩论一件事：为什么美国的科技公司不愿意进入信贷行业？为什么美国的 Capital One 这样一个明星 5 年以来的股价表现落后于主流银行和美国运通银行（American Express）？结论可能是：尽管利息很高，但是次贷不如普通信贷；信贷不如非信贷业务。

为什么中国的科技企业都迫不及待地进入信贷行业，包括蚂蚁金服、腾讯、京东、百度、贝壳找房？有人说，因为美国消费信贷和小微企业贷款已经过剩，所以美国的科技公司不愿意进去。高盛银行在 4 年前成立了一个互联网消费信贷公司，叫 Marcus，但是到现在为止，虽然存款很多，贷款的损失却高达 6 亿美元。亚马逊在 6 年前就开始为一些商户发放贷款，但是总量很小，一直是试验性质的。

可是中国企业在这方面非常大胆，而且它们把信贷当成主要的变现途径。贝壳找房也已经大踏步地进军信贷。我们通过其招股书来推测，它的贷款余额可能在 60 亿～ 80 亿元。

中国企业在支付行业、科技行业很难找到变现的办法，因为服务价格被压得非常低，所以它们要通过信贷来变现。它们以为中国的信贷还没有饱和，更没有过剩。万一它们的判断是错的呢？也许中国的消费信贷和小微企业信贷也已经很过剩，甚至比美国更加过剩！

信贷的收入和利润是低质量、高风险的。这些科技企业用信贷的收入和利润来抵消它们在科技服务领域的成本和缓慢增长，是否有以次充好的嫌疑呢？

长期以来，人们说，中国的人均啤酒消费量、人均保险产品拥有量、人均信用卡消费或者人均汽车保有量等远远低于发达国家的水平，因此，增长空间很大。但是考虑到人口结构、消费方式和贫富差距，也许这种话很可笑！

我们反复回到以下结论：

（1）大数据和风险控制能力不那么重要。

（2）抓手最重要。

（3）对一个负债累累的人来说，抓手也会失效。而一个浸泡在信贷苦海之中的国家，应该明白回头是岸。

目录

第一章

金融界一个巨大的误会

十多年来，金融科技已经变成了一个无边无际的战场，核心是通过互联网和智能手机开展传统的金融业务（存、贷、汇、投资和保险）。但是迄今为止它的主战场依然是信贷，即小额信贷，对消费者和小微企业的信贷。而消费者，准确地说是信用评级较低和尚无信用记录的消费者。绝大多数小微企业的平均寿命不超过 5 年，因此，小额信贷可以统称次贷。

金融不能只是富人和中产阶级的特权，它应该是每个人的权利。因此，次贷是金融深化和经济民主发展的产物。这个浪潮始于 20 世纪 80 年代的美国，然后很快席卷全球。进入 21 世纪，联合国宣布 2005 年为国际小微信贷之年（International Year of Microcredit）。次年，孟加拉国的小微信贷之王尤努斯被授予诺贝尔和平奖。2007 年，中国人民银行和银监会联合发布了关于小额贷款公司试点的指导意见。2012 年，由于智能手机的逐步普及，P2P 信贷和其他网络信贷在全国铺开。

可是，在几十年轰轰烈烈的发展之后，现在，这个主战场已经崩溃。不仅在国内，世界性的崩溃已经发生，或者正在发生。

（1）总部在英国但是业务遍及欧美的 Wonga（现金贷、发薪日贷款公司）创办于 2006 年，可以称为业内最有代表性的企业，已经于 2018 年进行破产清算。

（2）小额贷款的金字招牌 Lending Club 也很失败。它是一个改良型的 P2P 运营平台，2015 年初在美国 IPO 之后，股票价格已经从 146 美元跌到 2020 年初的 4 美元。2020 年初至今它仍然在亏损。

（3）最著名的中小企业贷款公司——美国的 OnDeck 和英国的

Funding Circle，不仅长期亏损，股票价格也在大跌 80% ～ 90% 之后，长期萎靡不振。

（4）美国的中小企业贷款新秀 Greensky Inc. 虽然众望所归，但是上市之后股价也大跌一半以上。本书后文将详细讨论。

（5）多年前在中国香港成立并在中国香港、中国台湾和新加坡开展小商户流水贷（有点像保理）的 Global Merchant Funding，在死撑了三年后也垮了。它的三个美国创始人都负债累累，人间蒸发。

（6）业内最成功的楷模 Capital One 最近五年的业绩持续低迷，股价下跌了 1/4，远不如主流银行。

中国的情况最严峻。15 家头部的 P2P 平台、助贷公司和导流公司在赴美或赴港上市之后几乎全部沦陷。多数公司的股价比上市价格下跌 2/3 或者更多，只有乐信仍然高于上市价格。几千家没有上市的公司，要么倒闭了，要么正在清理之中。几十万从业人员因此失业，上千人因违法被逮捕。还有几百万个人投资者和借款人将在盘根错节的债务链之中挣扎很多年。

从孟加拉国、印度到非洲和拉丁美洲，普惠金融、小额信贷和 P2P 要么全军覆灭，要么根本就站不起来。大家都在问："我们共债、高负债的泥潭还有希望吗？"

本书试图回答以下四方面的问题：

（1）如果说中国的情况独特，那么，为什么海外各国的情况（虽然各国的法律背景、经济水平和金融业的竞争格局各异）也如此凄凉呢？

（2）蚂蚁金服和微众银行显然很成功。它们的秘诀何在？会赢家通吃吗？或者它们的天花板在哪里？几百个城市商业银行、农村商业银行的前途是什么？

（3）过去十年左右的金融科技浪潮难道一无是处吗？它暴露了

什么问题？它的贡献何在？

（4）铺天盖地的不良资产怎么处理？我们是否需要系统性地解决这个问题，比如建立一整套制度？我们是否需要观念上的改变？

我们的主要结论是：

（1）虽然成功的例子也很多，但是总的来讲，消费金融会让人一直穷下去，而小微企业贷款只会加大企业倒闭的概率。

（2）在绝大多数情况下，信贷机构与借款人之间的关系是互相伤害，甚至互相毁灭。

（3）中国的金融深化已经过头了。

（4）中国目前的坏账问题严重。

（5）中国的银行系统应该整合、瘦身、关停并转。

（6）多数非银金融机构（包括持牌的、不持牌的）应该停止坏账的生产，转型为不良贷款处置企业。

（7）目前的相关制度体系不利于不良资产的处置，下水道的堵塞很严重。

我们认为，未来 5 ～ 7 年很可能是中国不良资产处置的黄金时段。20 多年前，中国的银行家很少，基本上都被三角债也就是不良资产困死了。但是所幸，那时中国的金融深化程度很低，信贷在整个经济中的覆盖面还不广，我们刚刚从计划经济时代的拨款改贷款中走出来，“借款还钱”的文化还在早期的培育阶段，处理信贷违约的基础设施（比如调解、催收、仲裁、判决、执行）还基本上没有。

那时中国引进了美国 AMC 不良资产管理公司的概念（但没有引进实质）。大家知道，美国在 20 世纪 80 年代有过一次社区银行的大危机，大批储蓄贷款协会（Savings and Loans Associations）因为发放太多的按揭贷款给低收入人群而倒闭了，美国的那个处置机构叫 The Resolution Trust Corporation。

我们的四大资产管理公司就是信达、华融、长城、东方。你可以说我们东施效颦，而我们的创新就是搞了四个，不是一个。回头看，这四个 AMC 根本不具备完成使命的能力：中国的市场意识、文化、法律都不配套。

好在它们运气不错。在它们成立后的十年，中国的高通胀（地价上涨）就把它们手上的不良资产都变成了香饽饽。它们什么也没做，就赚了大钱，大家也夸它们有本事。但它们有庞大的机构，很难解散，于是为了机构的生存，它们大摇大摆地进入了租赁、银行、信托、证券等领域，很快又成了不良资产的生产者。

“凭运气赚来的钱，一般都会凭本事亏掉。”这句话很有意思。

眼下，虽然企业信贷产生的不良资产也是铺天盖地，但这不是本书讨论的重点。本书主要谈所谓的小微企业信贷和消费信贷的不良，因为这两个东西是连在一起的。

消费信贷和小微企业信贷是很危险的东西，很像烟草、酒精、博彩。这种产品的消费不是越多越好，必须十分谨慎。根本的原因是：小企业的死亡率在任何时候、任何国家都很高，再加上高昂的金融媒介费用，因此行业的利息率必须很高、必然很高。反过来，小企业在长期支付高利息的情况下，又不可能繁荣，甚至无法生存。而利率太低，信贷机构又会亏钱，终究也会退出市场。

所以，一旦跨过某一个额度，小企业信贷往往就只是债权人和债务人互相伤害。而这个额度是需要非常高的技巧和强大的意志力才能控制的东西。人往往贪心、信心爆棚，所以，只有少数伟人才能控制好这个额度。经济稍有波动，你就翻船了。所以，最佳的信贷额度也许是零。

我们认为，对于绝大多数消费者和小型企业来说，即使零利率甚至负利率的“软贷款”也很危险。

举几个例子：

（1）美国的学生贷款利率大多在3%～5%。不高啊！但是，累积下来的债务已经成了美国一个巨大的社会问题、政治问题。

（2）二战后的几十年间，西方国家政府和联合国的各种下属机构都为第三世界穷国发放过一种“软贷款”：利率低、期限长、限制少，甚至可以延期。

但结果是，这样的贷款基本都打了水漂。很多国家因此长期负债累累，爬不起来。原因包括：

（1）各种费用（美其名曰技术援助）吃掉一大块。

（2）腐败政府和官员贪污一大块。

（3）最重要的是，即使零利息，你也得还本啊！10%的负利率情况下，你也得归还90%的本金吧？而很多项目根本没有这个能力。中小企业的死亡率是很高的，即使是负利率也还不起。中国也曾长期享受过这种援助，结果都不理想。

结论是，中小企业融资是个无法解决的问题。人类会不断尝试，但低利率根本不是有出路的办法。

在欧美，在大多数发达国家，小型企业要想获得银行贷款，都是既难且贵。小型企业的融资问题，大家年年讲、月月讲、天天讲。每个政府都有小型企业管理局，或者类似的单位，可见这个问题是个顽疾。

即使在新冠肺炎疫情来临前，欧美的央行货币政策利率已经接近于零。中国的分析师们都以为欧美企业的融资成本低，大错特错！即使大多数上市公司的债务成本也在10%左右。能够借到钱，它们还算幸运的一族。在中国香港，基准利率很低，因为实行联系汇率，所以中国香港利率与美国一致，但是中小企业的融资成本和内地大型房地产公司在香港的发债成本都在 10% 上下，远远高于内地的利率。

新冠肺炎疫情爆发以来，欧美企业（包括大、中、小各类）的真实融资成本跟央行的政策利率反方向变动。央行降息，而市场加息。我们认为，中国企业的债息和贷款利率太低，完全不足以弥补债权人承担的风险。

小型企业的融资往往与消费金融捆绑在一起，因为企业主经常提供抵押品和担保。消费金融大约从 20 世纪 70 年代开始在美国发展。很快，普惠金融在孟加拉国、印度和非洲、拉丁美洲也成了一个很时髦的现象，特别是 80 年代起尤努斯的大力宣传之后。

在欧美，几十年来，消费金融已经成为一个巨大的产业。但是除了住房按揭的利率似乎比较低以外，信用卡、汽车贷和其他类型的消费信贷，在支付了 12% ～ 20% 甚至更高的利率之后究竟给消费者带来了多少福利，实在是个很大的问题。消费者当然有权享受消费信贷，就像银行有权发放消费信贷一样，但是，这个产品的历史作用值得认真反思。

有个在发展中国家从事普惠金融 20 多年的英国人叫休·辛克莱尔（Hugh Sinclair），他写了一本书叫 *Confessions Of A Microfinance Heretic*。书中他问了一个有趣的问题："你听说过有人靠信用卡债务而脱贫，甚至变得富有吗？难道消费信贷不是固化贫困，或者至少拖慢你走向财务自由的一个因素吗？"

还有另外两本类似的英文书可供参阅：（1）David Roodman：*Due Diligence: An Impertinent Inquiry into Microfinance*，2012；（2）Milford Bateman：*Why Doesn't Microfinance Work?: The Destructive Rise of Local Neoliberalism*，2012。

大家千万不要说，"节俭和量入为出是中国人的传统美德"。

其实这只是人类社会的常识而已，西方国家也讲究“living within your means”。当中国的社会福利制度朝西方靠拢之后，中国的消费者可以同样变成消费信贷的奴隶。

有人说：“毁掉一个年轻人的办法，就是跟他谈财务自由。”我们认为，毁掉他，还有一个办法：跟他鼓吹消费信贷。

普惠是很多次贷机构的美好愿望，也是一部分从业人员和机构常用的忽悠话术。大家做生意总希望有个愿景和口号，无可厚非。但是，我们还是要看实质。你真心认为，借款人在付给你 15%、25%、35% 的年化利率之后，还能持续地赚钱吗？换个角度，你真心地认为，你把利率降到 15% 或者 25% 以下，而违约率和营运费用又这么高，你的贷款公司还能持续发展吗？注意**持续**二字。

“次贷机构”不好听，可这又确实是我们的真实姓名。难怪在本次新冠肺炎疫情来袭之前，全球次贷机构就大片大片地死亡了。它们的死因就是与借款人的相互伤害。

中国上万个小额贷款公司、典当公司、租赁公司、保理公司、融担公司、P2P 公司、助贷公司甚至消金公司，倒闭、亏损无数。欧美国家消费金融的行业翘楚，绝大多数已经伤残。现在看着还健康的几家，比如澳洲的 AfterPay，也会遇到巨大的挑战。发展中国家的普惠金融企业几乎全部惨不忍睹，亚、非、拉无一例外。

请不要再说中国两亿人、三亿人尚未被金融覆盖，也请你不要再说 3 000 多万中小企业无法获得便宜的融资。这些企业、这些人如果真的尚未覆盖的话，你也不应该试图覆盖，因为他们都用不起你的钱；而且你也覆盖不起他们。

中国的金融深化已经走过头了。80 年代，张化桥还在央行工作时，上上下下言必称麦金农的金融深化理论。可是我们干得太好了，一直把金融深化推到了另一个极端。包商银行的调研显示，内蒙古的每个乡镇都有起码一个正式的金融机构，一般来说都有三五个。这还不算支付宝、微信支付之类的便利。

过去十年，金融科技公司号称要通过技术来减少违约和欺诈，可是除了极少数成功的例子，大家都失败了。我们的结论是，次贷就是次贷。在次贷人群中选优，概率上就有问题。不少业内人士辩解说："我们做的是几乎优质（near-prime）的借款人。"可是这个界限太难确定，而且，如果对方愿意接受这么高的利息率，不还是次贷吗？

即使金融科技企业幸运地找到了消费者的痛点，这个痛点也是会移动、消逝的。而且，当金融科技公司正在挥汗涔涔攻克这个痛点时，实力雄厚而且已经有大批基础客户的银行通过小小的改良或者收购就可以解决这个痛点，或者部分地解决，那咱们金融科技公司又白干了。这十年，我们在英国就感受到了由于挑战者的出现，银行如何改善灵活性和服务水平，挤掉了金融科技公司的生存空间。

我们认为，绝大多数金融科技公司和非银金融机构、新金融机构跟银行相比，都输在了起跑线上，可概括为以下六点：

（1）资金实力。虽然你的估值很高，但是你的可用资金太少。

（2）银行已有大量的基础客户，而金融科技公司还需要花大价钱去获客。

（3）银行能在各种业务之间互相补贴，而金融科技公司一般业务都比较单一，且规模不经济。

（4）银行的政治影响和客户信任不可忽略（银行一般不会倒闭）。

（5）银行的资金成本低（存款利率低）。

（6）银行的客户的质量高。什么叫 prime？这就是 prime！

下面我们来看中国的坏账问题究竟有多么严重。

（1）企业之间的三角债已经十分严重，骗子横行。2020 年国务院颁令，专门规定政府部门、事业单位和大企业必须及时支付小企业的货款。问题可见一斑。

（2）企业贷款的违约十分严重，“老赖”横行。

（3）消费信贷的违约率已达历史最高水平，不管是 P2P、消金、小贷，还是银行信用卡、抵押和纯信用贷款。

（4）企业信贷的纠纷即使立案，判决也很慢；在判决后执行也很难。很多案子拖几年都没结果。

（5）法院不肯受理消费信贷的案子。很多案件在仲裁和判决后，也很难执行。诉讼也是一条昂贵的路。

（6）私募基金的状况比 P2P 的问题更加严重，因为它的规模更大。

（7）在整个社会，“老赖”文化盛行，“放款有罪，赖账有理”的思想不断打击着社会道德和契约精神。

我们认为，三年后，中国绝大多数非银金融机构（包括不持牌的）都会关门或者转型。

当前，民间借贷和非持牌金融机构（含 P2P）的催收受到了极大的打击，实际上鼓励了违约，因此违约率可能超过一半。少数勇敢的投资者购买了此类不良资产包，但是他们不敢大举进入。

银行及其他持牌机构的消费信贷不良，现在基本上也只能靠催收和等待。多数机构有自己的催收团队，也实行服务外包。大家可能不敢相信，大银行的催收外包服务商动辄几百家。总行和各分行也各有势力范围，都不想让出地盘，而催收行业又无法整合。难道银行的行长们愿意跟几百个催收外包商打交道吗？

在欧美，一个国家的催收外包业务一般都集中在 3 ～ 5 家公司。银行有合规的担忧，也希望只跟入围的 3 ～ 5 家外包商合作，以维护自己的名誉。在这个行业，大家靠的是信任，而不像我们靠的是牌照和关系。美国的银行通常把消费信贷的逾期打包卖给 PRA 和 Encore Capital 等，并且贷款给这种机构，让它们购买不良资产。

中国的催收机构对社会有巨大贡献：它们帮助放贷机构收回应该收回的资金，维持信用秩序，但是大家不敢做大，也不愿做大，因为中国的金融环境不成熟，大家齐声骂催收机构、偏袒“老赖”。中国有没有坏的催收机构、坏的催收人员呢？当然有。政府在按规定处理。可是，我们会不会因为银行违规就关闭银行？会不会因为某人喝酒醉死而关闭茅台集团，或者因为出了车祸而关闭上汽集团？

现在零零星星上千个催收公司的状况，既不利于加大科技投入、提升效率，也不利于合规管理。

那么，该如何评价最近发布的银保监会就单户对公、批量个人不良贷款转让试点征求意见？我们有如下观点：

（1）虽然这个文件晚来了 20 年，但是总比永远不来为好。

（2）不需要试点！应该尽快实施。

（3）中国社会对契约文化的长期破坏，以及对“老赖”的鼓励和纵容必须检讨、改变。目前，司法系统对此类案件不太重视，这极大地打击了金融业。这两个问题如果不根本解决，任何改革都是避重就轻，而投资者也不会大举进入这个行业。

在本书中，我们会进一步论证：

（1）中国信贷早已过剩，继续搞信贷膨胀可能会恶化贫富差距，并不能创造财富。

（2）多数银行和非银行金融机构没有存在的价值，需要关停并转、提高效率、改善资产质量。

（3）聪明的中小金融机构应该认清潮流，停止放款，停止不良资产的再生产，转型为不良资产处置机构，而且从自己的不良资产做起，然后为其他机构服务。我们需要一次大范围的改革，改变放款光荣、贷后管理没有地位的想法。

有人问，如果我们大幅度地减少中小企业信贷和消费信贷，会不会导致经济衰退？也许会，也许不会。但是，40 多岁、50 多岁的“油腻男”（比如我们）通过减肥而略变清瘦，开始的时候可能有点不习惯，甚至难受，但这绝对是好事。中小企业和消费者通过减少对信贷的依赖，减少与金融机构的相互伤害，提高运营效率，好处多于坏处。

我们曾多次公开反对内地有些地产公司在香港为了发债而发债，比如用 12% ～ 15% 的年利率发债，承担各种费用，换汇回到内地，还有时间的耽误。你可能会说，它们未来的发债成本会越来越低。也许有些企业是这种情况，但是很多不是。虽然这些地产公司可能很赚钱，但是这种发债行为本身究竟是增加还是抵消了它们的利润水平，很难说。

这次新冠肺炎疫情危机，很多人被迫待在家中，弹尽粮绝，焦虑不堪。这当然首先是贫穷的罪过。但它也显示了一个道理：积蓄很重要。让我们说句也许残酷无情的话：越穷的人越需要储蓄，因为他们更容易遇到不测风云，而消费信贷也更容易使他们陷入危险之中。

同样，小微企业本来就很难生存，而信贷只是加大了它们死亡的概率。虽然它们有可能因为信贷而如虎添翼，但是只有极少数小型企业是“老虎”，而绝大多数小型企业只是“狗”和“猫”而已。减少信贷，就是减少相互的伤害。

从理论上讲，个人破产法的实施会大大提高社会的诚信度、打击“老赖”，但是如果政府和司法系统不配合，有了立法也没用。况且，从房地产税的立法之艰难来看，我们必须理解，中国的事情必须放在五千年文明的角度审视，不可操之过急。

社会要进步，人民要脱贫，就必须大搞工业，而且是大工业。孟加拉国、印度和不少穷国的小微金融固化了贫困的现状、固化了小微经营，这是政府的失败、社会的失败、劳动力资源的浪费。这是没有前途的、十分危险的。

辛克莱尔在其书中说，绝大多数人的命运是打工，而不是蚂蚁般地重复性创业。大工业才是社会的脱贫之路。这个结论我们很认同。

辛克莱尔举了两个例子：

（1）某贫困山区的村妇借了小微贷款，在镇上卖菠萝切片，很赚钱。但当26个村妇都从不同的小贷机构获得微型贷款，到镇上一字排开，都卖菠萝切片时，不仅这些微贷都变成了坏账，而且这些村妇的家庭也被毁了：她们循环地借钱，付高息，被压得喘不过气来，最终只能导致动乱或者自杀。

（2）巴西的农村贫民不断涌入大城市打工，在郊区搭建很多临时窝棚。他们本来的计划是迅速挣钱，然后买像样的房子，并把妻小接过来。遗憾的是，这些窝棚成了他们永久的家。他们永远无法攒够钱搬出去。每年、每月、每天，新来的人们带着同样的希望搬进这样的窝棚，或者在附近搭建这样的窝棚。

辛克莱尔说，小微企业信贷、消费信贷就是这样的窝棚，一旦进去，休想出来！美国的次贷也是这样的窝棚。

第二章

次贷危机是怎样爆发的？

世界上所有的金融危机、银行危机都是次贷危机。这听起来像废话，但又是大实话。难道你指望优质的贷款系统性地（大批量地）出问题吗？当优质的贷款出现系统性的问题时，一般来说都是次贷危机的高峰甚至尾声。只有当次贷烧得差不多了时，优质资产才出现大批量的问题。

美国在 2007—2008 年，日本在 1990 年代初，南部欧洲在 2003 年前后，意大利前几年，都是如此，没有例外。

次贷是个相对的概念：违约风险较大、利率也较高，就叫“次贷”。在第三章我们讨论中国次贷和美国次贷的区别。

◉ 信贷太多才有问题，但什么叫太多？

信贷与经济的关系很复杂。而且，什么叫信贷太多、信贷过剩就更有争议性了。国际货币基金组织的几位经济学家（Jean-Louis Arcand，Enrico Berkes，Ugo Panizza）于 2012 年出版的工作报告，提出了这个问题。他们的报告标题是“Too Much Finance”（太多金融），他们的结论是：如果金融行业占整个经济的比重很低，增加信贷和发展金融会刺激经济总量的增长。但是当信贷余额达到了 GDP 的 80% ～ 100% 时，正面效应就开始变成负面效应。中国早就超过 230%（参见后文表 2–2）。

其他很多学者的研究也表明，金融业过度扩张的坏处包括：

（1）会吸引太多的人才进入金融行业，浪费社会资源；

（2）会导致资金分配不当；

（3）会导致金融业的收益率下降，鼓励人们增加杠杆以保证收益，进而导致金融风波。2008年的美国次贷危机就是一例。

这些问题值得思考，但是我们对结论（特别是数量化的指标）必须带着批判的眼光去看。邮储银行的周琼也警告，不要太注重学者们的定量分析。她说："日本的宏观杠杆率380%，政府217.9%，居民59.1%，企业112.9%，但是日本的金融系统目前很安全。即使有高杠杆，如果没有一些触发因素，也不一定产生金融危机。还是可以拖下去，时间换空间。各国情况千差万别，不可一概而论。"

我们不想卷入学术讨论。不过，有几个结论大家似乎都接受：

（1）其他条件不变，经济增长速度的加快需要更多的信贷来润滑。

（2）其他条件不变，更多的信贷一般会提高经济增长速度。

但是，这里的"其他条件不变"是指什么呢？

（1）直接融资（比如股市）情况相似；

（2）信贷的投放结构相对稳定；

（3）利率和其他信贷条款。

但是，这种条件是无法事先保证，也无法像化学实验一样加以证明的。如果条件变化了，结果会怎样？谁也无法证明。

表2-1中，国家统计局的数据显示，过去40年来，中国的GDP和信贷的增长速度都很快。可是，什么叫很快？如果跟经济结构和发展阶段完全不同的别国相比，究竟有无意义？

表2-1

	广义货币供应量（单位：十亿美元）	2018年GDP（单位：十亿美元）
美国	14 477.8	20 494.1
欧洲	13 264.26	21 055

续表

	广义货币供应量 （单位：十亿美元）	**2018 年 GDP** （单位：十亿美元）
美国欧洲总和	27 742.06	41 549.1
中国	27 842.93	13 419

资料来源：ECB，中国人民银行，Federal Reserve System。

从表中可见，从 2018 年开始，中国的广义货币供应量（M2）已经超过了美国和欧元区之和，虽然当年中国的经济总量是美国的六成左右。

表 2-2 反映的是人民币信贷资金从 1983、1989、2000 和 2010 年起到 2019 年的复合增长率，及以这些年份为起点 GDP 的复合增长率。不少人说单位信贷所产出的 GDP 一直在下降。但是，在一个金融深化的过程中，这很正常啊！每个国家都会经历这样一个过程。

表 2-2

年份	人民币信贷资金运用 到 2019 年的复合增长	名义 GDP 到 2019 年的复合增长	信贷资金运用 /GDP
1983	19.2%	15.2%	0.7
1989	18.1%	14.5%	0.9
2000	16.2%	12.8%	1.3
2010	12.5%	10.2%	2.0
2019			2.3

资料来源：中国人民银行，Federal Reserve System。

我们也许可以这样理解：

（1）GDP 和信贷是互为因果的。

（2）在企业赚钱的机会有限、居民对未来缺乏信心因此借贷欲望低迷的情况下，银行即使想增加贷款，也面临着困难。降低利率可能有帮助，也可能未必。20 多年来的日本和 10 多年来的西欧就是例证。

（3）过去 40 年，中国信贷的高速增长当然是由信贷需求决定的。而信贷需求的持续旺盛至少有三个原因：首先，机会多（包括通货膨胀带来的机会，比如房价上涨）；其次，信贷条件有吸引力（包括利率低）；最后，可以赖账！或者说，赖账的惩罚不可怕。

20 世纪 70 年代、80 年代甚至 90 年代，中国大量的信贷都死亡了，政府、银行和司法体系并没有追究违约的责任。80 年代，基建投资的拨款改为贷款基本上是个笑话。90 年代，很多农村信用社垮了几次（反复被农业银行和人民银行拯救）、农村合作基金会也死光了，社会科学院张晓山博士就此发表了研究报告[①]。

90 年代，中国信贷高速增长，但是，供求关系是一个推波助澜的东西：供给产生需求，推动需求，反之亦然。钱越多，可能越不够用，资金链可能越紧，因为如果出现通货膨胀，厂商需要更多的资金囤积原材料、发放工资和铺货，而且财务费用也更高（至少名义利率会上升）。

所以，两个因素可能加大了信贷需求：

（1）通货膨胀预期（包括房地产）；

（2）赖账无害的预期。

整个社会在不良资产催收、破产处理等方面的基础设施的脆弱等于刺激信贷需求，伤害信贷供给。均衡利率会因此而上升。但是，如果政府施加压力，控制利率，那就会加大信贷供求的不平衡。那么，最终的供求平衡只能通过拉关系和贿赂来实现。而且，一部分人（比如借按揭贷款的家庭、有特权的民营企业和国有企

① https://www.jianpincn.com/skwx_jp/LiteratureDetail.aspx?ID=15192.

业）使用了便宜的钱，其他人就只能使用昂贵的钱。

有特权的企业和人因为享受了便宜的钱，他们的信贷需求就受到了刺激，这又加大了其他企业和人的资金短缺。在很多情况下，有特权的企业和人会充当资金的二道贩子，从中渔利。比如，他们可以把自有资金借出去，然后再凭着自己的特权、地位获取便宜资金。表面上看，他们并没有倒卖资金，但事实上他们已经这么做了。他们既可以通过委托贷款的形式，也可以直接获取金融牌照，倒卖资金。

如欲加害于他，就给他降低利息！

2020 年 7 月 21 日，英国《金融时报》发表了法兰西银行前行长、IMF 前总裁的文章。文中指出，负利率也救不了花钱无度的人和国家。利率太低，给借款的人和企业（以及政府！）一个幻觉：这钱便宜，以后还得起。那再多借一点。殊不知，即使是负利率，也可以压死你。文中还提到：（1）低利率模糊了好项目与坏项目的区别，导致社会资源流向错误的地方；（2）低利率让烂公司继续活下去，消耗社会资源；（3）低利率导致资产价格泡沫。

几十年来，有关部门总是希望用降低利息的办法刺激信贷欲望，刺激经济，但是中国从来不缺信贷欲望。降低贷款的基准利率是有待商榷的方法，因为正如法兰西银行前行长所说，这样只能降低烂国企和有特权的民企的融资成本，甚至鼓励它们多吃多占。它们的多吃多占只能让其他企业无法获得足够的信贷。而且，有人用了便宜的钱，就必然有其他人为此买单。市场有个均衡利率。

特权企业在获得了额外的、便宜的资金之后，就在各自的竞争行业，打压、欺负、收购、消灭普通企业。很多特权企业甚至倒卖资金，搞高利贷。

央行必须加息，提高贷款的基准利率，减少烂国企和有特权的民企多吃多占的诱惑。这样，也只有这样，中国的实际贷款利率才能下降。

全民创业、万众创新

不少人批评过中国过去十年的创新和创业运动。确实，在这个运动中，我们浪费了大量的人、财、物。但是，这也许是最有效的财务教育、营商教育和经济学教育。而且，大量企业在这个过程中脱颖而出，全社会也因此变得更加积极、更有活力。

泥沙俱下的时候，很多骗子趁机进入了金融行业（违法吸收储蓄、敲诈勒索式的信贷、暴力催收、伪科技、欺骗式的私募投资等），这些都是事实。而且这样的人和企业很多，持续的时间长达十年左右，伤害了市场纪律。但是，这些事情也有好处：

（1）新生事物都是先有大胆的尝试，然后才有监管。这很正常。谁也不是神仙，政府并不知道市场会怎样发展，是否需要监管，以及什么样的监管才合适。

（2）同样的道理，大量的创业者的错误也必须放在一场运动的历史角度来看。用新的监管规则来制裁他们过去的行为，未必合适。显然，他们的满腔热血推动了社会的进步。

P2P 商业模式是在传统小贷明显失败的基础上演变而来的。它的优点是打破地域限制、解决杠杆的上限（严格意义上的 P2P 只是信息中介）、提高效率。可是美国的 LendingClub 在五六年前就发现，出资人并没有承担信贷损失的能力和意愿，也不具备信用风险评估的能力和兴趣。于是，它和 On Deck 以及英国的 Funding Circle 等头部公司采用的解决方法就是把很多出资人的钱打散，贷给另外的很多人。比如，把 100 个人的小钱打散以后贷给 32 个借款人。可是这项业务对大多数并没有科技实力的 P2P 平台来说，本身就是一个挑战。而且，小平台如果尚无足够多的借贷双方，怎么办？期限的错配能够得到完美的解决吗？提前还款或者逾期怎么处理？会不会伤害出资人的积极性？

在中国的 P2P 行业，大家被迫走上了一条错误的、致命的路。它跟私募基金的不归路是一样的，那就是担保回报、刚性兑付。

2015—2017 年，监管部门（其实 P2P 行业和金融科技、助贷公司一直并没有正式的监管部门）一直强调，不准刚性兑付。而这些创业机构的生存又离不开刚性兑付，否则它们的出资人很快就会烟消云散。但是，由于没有严格的监管检查，刚性兑付一直在持续。极少数平台是用自己的钱在填窟窿，而大多数平台实际上就是用新的出资人的钱填窟窿，也就是“复贷”“继续贷”。直到 2019 年，很多平台还在吹嘘 repeat borrowers（重复借款人）74% 或者 82% 的复贷率。在逻辑上，这个指标的意义就是，客户稳定，没有流失，平台降低了获客成本，老客比新客更安全，因为他们长期在还款。

从单个平台来看，这也许没错。但是平台之间互不通气，大家并不知道共债的问题。而且，即使其他平台都不存在，复贷究竟是好事还是坏事，大家也并没有认真思考过。如果一个或者一群消费者长期依赖这么高利率的贷款，他们何时才能“毕业”呢？他们需要“毕业”吗？岁月匆匆，大家都还没来得及思考，长期借钱度日意味着什么。平台作为商业机构希望客户有黏性，就像医院希望有更多客户，私营的监狱运营商希望囚犯越多越好，玻璃厂希望风暴天天打碎窗户一样。

利率上限的祸与福

2017 年 9 月，趣店在众星捧月之中到美国上市，市值曾经高达100亿美元。当时，资本市场很亢奋，大家忽略了一股冷空气正在南下。大量拆东墙补西壁的人实际上一直在投诉、在抗争、在酝酿一场“起义”，与厄瓜多尔的抗议并无实质上的区别。但是，多数人（包括平台的管理者和出资人），也包括我们，都认为投诉的噪声只代表了少数借款人。他们是无赖。

2017年下半年，央行和银监会正式和非正式地发布了一些规则，最重要的是强调最高人民法院几年前的一个解释：放款利率不准超过36%。对于整个次贷行业，这个规定是致命的。

为什么这么说呢？

（1）对于P2P和助贷公司来说，资金成本一般在10%～12%，吸引资金的成本在2%左右，运营成本在7%左右，获得借款人的成本在3%～5%，如果信贷损失在10%左右的话（这还算相当不错的结果），平台企业的放款利率可能需要高于50%甚至60%，才能达到盈亏平衡点。读者可能会质疑我们上面的各种假设，但是我们不能把市场繁荣稳定时期的各种指标当作常态。次贷行业几乎没有常态。稍有闪失，平台就垮了。

（2）客户质量略好一些的消费信贷企业（银行信用卡、消费金融、房抵贷公司）本来就不愿意把放款利率推到30%以上（即使法规允许）。但是，当P2P、助贷公司和小贷公司被迫收缩时，客户会出现大面积违约，它们也就会寻找新的资金，欺诈银行和消费金融公司。而且它们的很多客户与P2P平台的借款人本来就有大量重叠。当这群人无法从昂贵的平台借款时，他们在便宜的平台上也立刻丧失了归还能力。

可是，我们能够怪罪监管，或者抱怨这36%的利率上限吗？起初，我们也跟很多从业人员一样抱怨过监管部门。可是我们后来的反思结果是，次贷行业的崩溃是必然的，不管有没有监管，不管有没有利率上限。为什么?

（1）极高的放款利率是必须的、必然的，因为次贷平台的费用太高、资金成本太高、违约率太高。

（2）而持续的、极高的利率又必然会拖垮借款人，并且导致负向选择（adverse selection)。也就是说，愿意付极高利率的人必然十分困难，或者根本没有还款意愿和还款能力。

英国的P2P企业Wonga本身不受利率上限的任何管制。它的有些小额贷款产品的最高利率可以高达年化4 000%。它的业务范围在英国、波兰、以色列和荷兰。但是2017年，坏账打垮了它在各国的业务，最终只能清盘。在这种极端的情况下，我们可以清楚地看到，借贷双方的关系是完完全全的互相伤害。其实，即使利率比较低、很低，如果借款人在借款总额上没有充分的自我克制，这种借贷关系仍然是互相伤害。

这36%的利率上限起初执行得并不严格，但慢慢变得严格了。这个过程鼓励了更多借款人投诉，也倒逼着次贷平台更认真地选择客户。当然，对行业最大的打击还是刚性兑付和“三降”。监管部门要求P2P平台每个月都降低次贷机构的总数、客户总数和待收余款。这个过程就像钝刀子割肉一样痛苦。

2020年初的新冠肺炎疫情及随之而来的“封城”、经济活跃度下降不仅消灭了次贷行业，而且让传统金融机构受到了严重的伤害，还导致次贷人群的流动性危机，因此大量的正常贷款也因此变成了坏账。

当然，如果没有强制性“三降”和利率上限，这些次贷的生存时间可能会长一些，比如多存活一到三年。可是即使那样，它们也很难挺过新冠肺炎疫情的打击。

利率上限“亚克西”！

直到一年前，我们还在反对利率上限。

这不是明摆着违背市场经济的原则吗？

这不是剥夺次贷群体的信贷权吗？

这不是危害普惠金融机构和一大批非银金融机构的生存权吗？

这不是违背风险定价的基本原则吗？

在一个对信贷膨胀习以为常的社会，信贷需求会蒙蔽我们的双眼："啊！还有那么多未获满足的需求！"

让我们告诉你："啊！那都是拆东墙补西墙！"

这些需求大都是不应该满足的需求。你满足了它，就伤害了背后的借钱人，最终也伤害了你。

吸烟是成年人的自由。但是，各国政府都逼着卷烟厂在烟盒上印上"吸烟有害健康"。其实，次贷也有害健康。享用者需要有极大的克制力。而利率上限就把这个责任推给了信贷机构，堵住了"高利率覆盖高风险"的漏洞：你如果没有金刚钻，就别揽瓷器活儿。

利率上限会导致阴阳合同、弄虚作假，但是如果大多数信贷机构执行利率上限，我们的次贷危机就会得到收拾。

我们认为，利率上限不是越低越好。现在的 24% 和 36% 是合适的。下调两三个百分点也可以。不过，聪明的监管部门不应该管到小数点后面三位数。要留点空间，让信贷机构有回旋余地。万一通胀率上升，市场的名义贷款利率也会上升。逼着太多人违规，你就不算聪明了。

我们的诸多环境因素不利于信贷的扩散。在摇摇晃晃的地基上，最好不要建金融大厦。利率上限会倒逼着信贷机构自我约束，反过来又被迫刚性兑付。

多年来，监管部门一直强调 P2P 这样的信息中介机构不得为出资人提供担保，即不能刚性兑付。但是很多机构变着花样做了担保，比如向借钱的人收取质量保证金，或者购买履约保险、融资担保，或者直接违规赔付，等等。但是在 P2P 纷纷倒闭时，看到百万个、千万个出资人遭受严重损失，群情激愤，又开始要求 P2P 机构对出资人负责。由于亏空的金额太大，绝大多数平台并没有能力赔付。在具体执行上，各地监督部门掌握的尺度不一，而且并没有用书面的形式解释处理方法。

我们的理解是，如果 P2P 平台一直诚实守信地经营，并没有自融（为大股东的企业提供贷款），或者欺诈（比如发行假的借款标的），那么次贷平台的大股东（或者管理层）除了尽力协助催收之外，并不需要负法律责任或者赔偿的责任。遗憾的是，由于 P2P 公司长期未受到任何监管，它们的成长过程往往伴随着大量的机会主义、顺手牵羊和自融、假标，因此，太多的平台大股东和管理层正在接受法律的惩罚，并被迫承担赔偿的责任。

不要责怪任何人

目前，整个非银行金融行业的状况非常糟糕，损失空前。但是，这是历史的必然。全国人民都经历了一个学习过程。我们的法制尚有待完善。可是，在这样的基础上，我们一不小心建起了一座金融大厦。我们正在为此付出代价。

我们总结一下：

（1）作为一个发展中国家，我们应该花更多时间，建立和巩固金融体系所需要的文化基础、法律基础。

（2）目前的次贷危机是全国人民共同犯的一个大错误。在前面的七八年，监管基本是空白，容忍了不少从业人员和机构的违规违法。金融扩张太快，同时我们也忘记了金融本身主要是对财富的再分配而已，它并不创造财富。

（3）36%的利率上限，以及P2P行业规模的被迫下降（“三降”）加快了P2P行业的收场速度，但是即使没有这两项措施，即使没有新冠肺炎疫情，P2P、助贷甚至小贷行业也终究会整体死亡（少有例外），因为它们的客户基础太差，而且整个国家金融过剩，相关的文化和法律体系支撑也不够。

你的抓手在哪里？

过去十年，人们都被金融科技的概念所蒙蔽了。也许金融科技公司的人连自己也骗了。他们声称他们的大数据和数学模型、人工智能可以比你更了解你。他们说，他们用210个维度的760个指标和45个方程式来衡量你、预测你。但是，这些多数是没有意义的故弄玄虚，很多数据只是垃圾甚至错误的东西。英语有句话：丢进去的是垃圾，出来的当然也是垃圾（Garbage in，garbage out）。

虽然金融科技的内容很多，但是在信贷领域，它似乎只解决了一个问题：衡量你的还款能力。但是如何衡量你的还款意愿，却不容易。

我们发现，政治、经济、法律和文化因素比金融科技更重要。在蚂蚁金服和新网银行工作多年的刘波在“新流财经”发表了一篇文章《资深人士解读：花呗、微粒贷的风控逻辑主线是什么？》。他强调，信贷中最重要的是抓手。蚂蚁金服的花呗和它的网商银行的成功虽然得益于大数据，但是更重要的是它的抓手：支付宝、淘宝店铺。如果你不归还那3 000元的贷款（利率不太高），你可能要付出代价。比如，你可能无法再使用支付宝或者淘宝等。腾讯旗下的微众银行也是一样。

你可以问一个这样的问题：如果贷款金额不是3 000元，而是

300万元，那么阿里和腾讯对借款人的风险评估还有那么精准吗?当然没有。可是，它们的大数据和模型不是很神奇吗?显然，太多借款人为了300万元，就愿意忽视阿里和腾讯的抓手。

在文章中，刘波提到:

> 淘宝贷款的风控，表面上看是纯信用贷款，但由于阿里巴巴强大的生态圈，可以从交易、资金、物流多方面监测商家。所以淘宝、天猫的商家不必提供任何资料，甚至不必查询征信，就可以直接评估信贷额度和利率。
>
> 淘宝贷款的授信，只看我给商家带来了多少销量和利润，保证你的信贷额度小于违约成本就能保证贷款安全——我能帮你赚10万元，给你8万元贷款，你若不还，10万元利润就没了，而且店都没了，你到底还不是不还?

更何况，你的所有销售额都在支付宝上，你的所有客户都在淘宝、天猫上。淘宝、天猫贷款风控逻辑的本质是店铺质押贷款。

百度、拼多多甚至京东也有不错的大数据，但是它们的数据并没有阿里和腾讯那样的抓手。所以，它们的信贷很难获得类似的成功，因为归根到底，风险控制靠的是抓手。

抵押品和上央行征信确实是抓手，可是当负债率太高时就未必有用。

在本书中，我们反复强调:（1）大数据和风险控制很重要，但是它们的作用有限。（2）更加重要的是抓手：如果欠款人不还钱，你怎么处理?（3）抵押品和连接央行征信确实是有用的抓手，可是抵押品的处置并不是一帆风顺：法律诉讼有可能成本太高或者不可靠。而且当欠款人负债率太高的时候，上央行征信也对欠款人失去了约束力。

我们用房抵贷和车抵贷行业的遭遇来论证这一点。

首先，房抵贷的违约率为什么那么高?

住房是中国老百姓最大的资产，它的资产价值已经远远超过了美国或者欧洲。老百姓如果需要增加消费支出，或者增加小微企业的融资，经常会把自己的住房拿出来做抵押，寻求房抵贷。这个行业虽然巨大，但是除了平安普惠以外，没有太多上规模的放贷者，而是分散在很多银行和非银金融机构。

过去 10 年，我们观察了一家领袖级的公司——总部在广州的泛华金融。这家公司是由美国的国泰基金和泛华保险代理公司联合创办的，有 11 年历史，从最开始做赎楼贷、汽车贷到近几年的房抵贷。

2018 年 12 月，泛华金融（CNF US）在美国成功上市。当年公司的利润是 8.5 亿元人民币，可这也是该公司利润的顶峰。2019 年，随着坏账的增加，业务的难度提高，利润下降，2020 年上半年该公司出现了亏损。

它的生意很简单，就是通过信托公司发行理财产品融资，并利用信托公司的放款人牌照发放房抵贷。对于泛华来说，资金成本大概在 11% ～ 12%，放款的利率在 24% 以下。

既然中国老百姓这么需要消费金融和小微企业融资，住房的总量又如此巨大，泛华金融的生意应该是做不完的。可是为什么它的业务一直上不去呢？在高峰的 2018 年，泛华也只有 160 亿元的待收余额，这相当于整个市场 1% 的份额，为什么泛华不能成长得更快呢?

我们认为最大的问题是这类机构的资金太贵，无法与银行竞争。可是为什么银行不为泛华金融之类的机构提供资金呢?

信托公司 12% 左右的资金成本里有 6% ～ 8% 要付给财富管理

的客户，其余的就是信托公司的通道费和另外的中介费用。泛华金融面对这么高的资金成本，加上高昂的运营费用和一定的损失率以及利润率，其贷款利率就必须很高。可是这么高的利率又限制了贷款的需求和借钱人的质量。

泛华金融是一家优秀的公司，可是为什么这么多年来银行就不肯跟它合作呢？有些银行愿意发放房抵贷，但是数量不大，而且主要限于已经在本银行有按揭的客户。多数银行还是更愿意发放企业贷款和一手按揭贷款，而不是房抵贷。它们担心房抵贷的风险太大，而且每一套房子是不一样的，需要做评估，而做一手楼按揭贷款简单、安全，只需要跟房地产开发商合作就行了。

如果泛华金融这样的机构能够把放款的成本控制在 10% 以内，需求会大涨吗？也许，可是它的资金成本就必须低于 3%，像银行那样。这怎么可能呢？

从这个案例中我们能学到什么？资金成本太高，就只能发放次贷，可是“高进高出”是一个十分危险的商业模式，特别是老百姓的负债率已经非常高的时候。从中长期来看，这么高的利率，消费者或者小微企业都没有办法消化。很多小微企业的业主说：“我的小餐馆用这种高息的资金，只是做临时周转，比如春节前进货。”可是，我们调研发现现实不是这样。太多人长期依赖这种资金。这就像鸦片一样，一旦开始，很难放弃。

与泛华金融类似的一些房抵贷公司的状况更差，比如房护网、易贷（宜贷）、中佳信，有些用银行 / 信托公司的助贷资金，有些用 P2P 资金，或者自己的资金，但是遭遇都类似。它们内部管理的缺陷是一部分原因，而行业的艰难是根本原因。下面我们对照一下车抵贷行业。

其次，车抵贷行业为什么这么多违约？

在新车销售环节为买车的人提供贷款，这是银行和银监会批准的28家汽车金融公司的业务地盘。由于违约风险低，利率也低，可能在12%以下。可是，这些金融机构一般不介入二手车的贷款，即使有抵押。它们用实际行动否定了“高利率覆盖高风险”的理论。

在欧美的债券市场上，过去几十年来人们发现了一个真理：从中长期来看，高息债券并不见得会带来高回报率，而往往带来高风险。这也是为什么国债即使只有1%～2%甚至负的收益率，仍然受到追捧。

把这个逻辑推广到信贷市场，那就是：高息贷款可能带来更大的伤害，互相的伤害。

中国的违约率经常在10%甚至更高，即使有征信系统的支持。在二手车贷款行业，迄今为止还没有一个赢家，虽然玩家很多，而且有些玩家还获得了银行的大量资金支持，并在早期获得了PE投资者支持。

阿里巴巴和腾讯有流量、有数据，也有持牌金融机构，它们也一直在汽车金融（含车抵贷）方面探索，但是并未获得明显的成功。

信贷机构的数据和抓手很重要，小额分散也是好事，但只有当借款人的总负债比较少的时候才有效。可是，中国早就走进了信贷过剩。

如果政府下调利率上限，如果越来越多的信贷机构减少甚至放弃贷款业务，会不会带来经济衰退？我们认为不会。原因是我们的信贷充足，而且过剩。即使有些信贷机构退出这个行业，也是逐渐发生，不会陡然发生。

最根本的问题是：信贷行业的产能过剩太严重了。而这正是大家追捧次贷的原因。

避开了“有控制的、随机的实证研究”

凭什么说中国的次贷行业（我们把它定义为银行以外所有的小微信贷、消费金融）失败了？

（1）绝大多数非银金融机构受了重伤，甚至死亡了，这包括持牌的和不持牌的。

（2）太多借款人拒绝还款，或者无力还款。

如果信贷这个行业在快速发展十多年以后，落得一个互相伤害的结果，那么我们只能说它失败了。学者们如果用 randomised controlled studies（有控制的、随机的实证研究，计量经济学的方法之一）来分析过去十多年的中国次贷行业，其素材也无非是：非银金融机构发放小额贷款对大量的消费者和小微企业的收入、财富、福利的影响。我们选择不走这条量化分析的路。一是因为现实已经十分残酷地、明确地说明了次贷行业的失败。二是我们无法对整个国家的整个行业做出“有控制的”分析，即拿现状与“假定中国过去十多年没有这些非银金融机构的话”进行比较。

当然，我们可以比较一群借钱者与一群不借钱者。可是他们现状的差距有多少是因为借了钱，多少是因为另外的原因（比如天赋、能力、关系等），很难量化。

结论是，本书避开了严谨的学术方法，即“有控制的、随机的实证研究”。

第三章

中美次贷的比较

有关2007—2008年美国次贷危机的文章和书很多，但作者大多数是美国人。在我看来，他们的写作往往沉溺于相互指责，谈论技术细节和金融犯罪的故事，以及分析各种专业术语，比如CDO，MBS等。

在本次新冠肺炎疫情爆发之前，有人已经警告了美国的下一轮次贷危机。比如，加州大学伯克利分校的弗兰克·帕特诺伊（Frank Partnoy）教授曾在摩根士丹利参与衍生工具的交易，他最近撰文说，现在美国的CLO（collateralized loan obligations，贷款抵押债券）会比2007—2008年的住房次贷危机更可怕。他说，这两次危机的共同点将是：大量的银行都不仅持有而且以这类次贷为基础，发行了大量的衍生工具，即债上的债。这些债券的数量巨大，信用质量在恶化，而且已经分布在各种金融机构和投资机构。但是，也有人认为他危言耸听，认为本次的问题小多了，政府和央行的应付能力也强多了。

可是，2007—2008年美国为什么会爆发次贷危机呢？我们总结各类相关著述，发现大家似乎把问题归咎于以下某个或某些原因：

（1）银行家、交易员和房利美公司高管的奖金太过丰厚；

（2）监管不力，借贷标准过于宽松；

（3）抵押贷款发放机构、贷款方或券商的犯罪行为；

（4）信用评级机构（如穆迪和标普）的贪婪；

（5）政客、房利美、房地美和对冲基金；

（6）银行“大而不倒”；

（7）美国人对自有住房的痴迷；

（8）对普通人来说，那些缩略词太复杂了，根本读不懂；

（9）银行资本金不足和表外杠杆；

（10）金融衍生品规模庞大；

（11）美联储糟糕的货币政策，包括利率下调过低。

以上原因都准确地解释了次贷危机的某个方面，相当于盲人摸象一样。但是，我们认为，那场危机的起源背后还有着比上述各条原因重要得多的原因，而且，那场危机是不可避免的。

如果所有的信贷都是安全和良好的，再复杂、再大规模的金融衍生品也不会导致危机的发生。因此，次贷危机的唯一原因是按揭贷款的坏账实在太多了。一层又一层叠加的金融衍生品不过是放大了问题，引发了信心危机，加速了大厦的倾覆。

但是，为什么银行和非银行金融机构会把钱借给那么多还不起钱的人呢？你或许会说，这些银行和机构太愚蠢了呗，愿意承担这么大的风险，显然银行家都是不称职的饭桶。我们相信，肯定有很多不称职的银行家，但一定还有别的原因驱使他们做蠢事，把钱借给那么多还不起钱的人。

我们认为，根本原因还是生意所迫：没有足够的优质借款人来维持银行的持续增长。由于找不到那么多优质的借款人，这些银行和非银行金融机构被迫降低标准，向金字塔的下方寻找较差的、更差的借款人来实现增长目标。你听说过 KPI 吗？每个人都有 KPI 的压力。

如果只是在优质和糟糕的借款人中进行选择，几乎所有的银行都会选择那些优质的。借贷不是造火箭那样复杂的科学，放贷标准简单得一目了然。你一定会问，为什么银行家在找不到优质借款人的时候不能停止放贷呢？是不是他们太贪婪了？

事实上，追逐利润是资本的天性，不管你喜不喜欢。银行家们当然不是在某一天突然大幅下调或忘记了自己的放贷标准。这是一个渐进的过程，长达数十年。市场竞争是永恒的，如果一个聪明的银行家决定放弃扩张，另一个银行家就会迅速夺走前者的市场份额。

马克思早在一百多年前就警告过我们，资本主义会导致产能过剩，产能过剩会导致经济危机，就像2008年美国金融危机一样。避免经济危机就像人类逃避衰老和死亡一样，根本不可能。当然，我们能够找到一些办法来延缓衰老，但效果是有限的。

那么，20世纪80年代或90年代美国为什么没有爆发次贷危机？那个时候的银行家同样贪婪，借款人同样有违约或骗钱的，监管也好不到哪里去，而且银行高管的奖金也非常丰厚（相对于那时的经济水平而言）。

我的答案是，在20世纪80年代和90年代，美国还有大量的优质借款人供银行挑选，因此，银行根本不屑于放贷给不良借款人。但是，随着这些优质借款人不断被挖掘，新的增长点就只能到不良借款人那寻找了。这并不奇怪，银行被迫逐步说服自己放宽借贷标准。当然，市场竞争也在其中发挥了作用。

这都是人性，无论当时监管机构水平高低和市场参与者道德操守如何，结果都差不多。

所以，我们的观点是那场次贷危机不可避免。它一定会发生，尽管发生的具体时间、形式、后续影响和导火索或许会有所不同。每次爆发危机，人们就大谈教训和如何避免下一次危机，这些人全都错了！在我们看来，这样的危机会再次发生，以消除行业过剩的产能、过剩的信贷能力，让整个体系得以净化。但我们认为那次危机并没有达到目的，整个体系并没有得以净化，因为2008年以来信贷过剩的问题不仅没有得到解决，反而还在加剧。虽然那次危机会改变市场参与者的行为，但这种自我约束只能维持一段时期。渐渐地，大家又会放松警惕，然后，另一场危机也会悄然孕育。周而复始，循环不止。

有人喜欢拿中国的市场和美国进行对比，部分因为两者规模相近，部分因为许多中国人把美国当作学习的榜样。

在美国，次贷消费者（消费贷款、房贷或车贷）这一群体主要是低收入人群，还有一小部分的骗子。长期来看，中国的次贷市场也会如此，但是目前还大为不同。中国仍然有相当多的优质消费者或潜在客户没有被挖掘，尽管这一数目常常被金融科技界的鼓吹者过分夸大。

哪里有普惠金融？

不同学者、学派对“普惠金融”有不同的定义，本书采用最常见的、完全大白话式理解的定义。

小额贷款公司，在中国，属于地方政府金融局或者金融办公室发放牌照和监管的机构。它们的注册资本一般在 1 亿～ 5 亿元人民币，鼎盛时期是 2011—2015 年。在这些年的倒闭关门潮之后，现在全国幸存的约有六七千家类似机构。它们一般只能在一个区、县开展业务（这几年有些放松）。它们可以找银行借款，但是事实上，绝大多数小贷公司都无法从银行获得贷款（银行的风险控制），也无法做 ABS、资产证券化。

有关部门草率做出的很多规定值得商榷，所以实践中企业违反规定的案例比比皆是。比如，股东结构的规定是必须分散，但是这有任何道理吗？当然没有。一个没有控股股东的企业只能吵架、互相抵消能量，而且每个股东的经济利益都太小，也就没有人关心公司的前途和日常运营。于是，大量小贷公司的股东都是代持股东。金融局也知道这种情况，但也是睁一只眼闭一只眼。还有一项可笑的规定，小贷公司的杠杆倍数是 1 ～ 2 倍。餐饮企业、服装店和医疗机构不受杠杆率的任何限制，为什么（不吸储的）小贷公司不可以？

服装店不受任何杠杆率的限制，这不等于银行会给你放贷。小贷公司也一样。完全取消小贷公司的杠杆上限，不等于银行会给你贷款。事实上，这十年来全国能够获得银行信贷支持的小贷公司不到 1/5，而且贷款量少，杠杆率很低。另外，金融局规定，小贷公司的单笔贷款不准超过资本金的 5%。但是由于它们风险自负，又不能从公众吸储，这个规定有什么意义吗？违反规定很容易（比如分开几笔贷款）。事实上，相关的监管很松，而且有关部门也尚不具备充分的能力去监管这些机构。结果，很多小贷公司只是被大股东操纵而已，它们的财务状况基本上都非常糟糕。

总的来说，这个行业的老实人听话，不老实的人胡作非为。很多小贷公司的资本金本来就是借来的，所以，它们在注册之后立刻抽逃资本金的现象很严重。

中国有些省市批准成立了一些所谓的“互联网小贷公司”，比如重庆、江西、黑龙江和山西。在这个板块，除了阿里小贷等巨头以外，多数也过得很艰难。而且，违反常理、让人哭笑不得的规定也很多。而且在书面的规定之外，领导一句话，你就跑断腿。比如，动不动开会要法人代表参加，而法人代表经常在几千公里之外。某地曾要求网络小贷公司只能在“本地”开展业务，互联网上还有“本地”吗？又如，某地规定申请牌照必须资金先到位。资金是有成本和机会成本的，企业的资金要等半年甚至一年之后才能转动。还有，某地还规定，网络贷款公司只能对“本系统内的客户”放贷。这些极大地增加了网络贷款公司的运营难度。

在亚洲、非洲、拉丁美洲，小贷公司是 microfinance company（简称 MFC 或 MFI）或者 microcredit company（简称 MCC）。有些国家还允许小贷公司吸收储蓄、卖保险产品。有些国家有比较高的利率上限，比如 60%。

我们认为，普惠金融就是小贷公司。有人说，利率较低的小贷公司才叫普惠金融。可是，利率高低都是相对的。多低才叫低？你的资金成本决定利率。又有人说，不以营利为目的的金融才叫普惠金融。我们不同意。即使你不以营利为目的，可是你至少要收回成本吧？否则，你就是慈善机构。鉴于小贷公司的资金成本高、运营模式落后（信息化差）、规模不经济，你的放款利率必须很高才能收回成本。任何小贷公司的放款利率都必须、必然大大高于银行信贷的利率。如果我们用放款利率为依据，那岂不是要把所有的银行都称为普惠金融机构？

钱越多，越不够用

钱多了，会产生通货膨胀。而在高通货膨胀率的情况下，钱又不够用，因为东西贵了，商店和流通环节需要更多的铺底资金。过去 40 多年，货币和通货膨胀就是一个互相推波助澜的过程。

除了少数国家比如委内瑞拉和津巴布韦，中国过去 20 年（或者 30 年、40 年）的货币供应量增长速度都是世界前列。当然它的背面是过度借贷。货币供应量是信贷创造的，是在央行允许和鼓励的情况下创造的。但是，借贷越多，即印钞越多，金融系统的坏账率就越高。奇怪吗？不奇怪！因为经济有起伏，而负债率过高也加大了企业和居民的风险。

斯坦福大学的罗纳德·麦金农（Ronald McKinnon）教授的成名之作是1973年出版的*Money and Capital in Economic Development*。他的一个观点是，穷国之所以穷，是因为金融压制（financial repression），包括政府压低储蓄利率，伤害储蓄万众，资金流向政府和国企、限制进口等。症状包括货币供应量/GDP的比值低，银行渗透率低，大量的人群未被银行覆盖，等等。

但是，如何走出困局？他认为唯有金融深化（financial deepening），即提高金融业的广度、深度，银行要到每乡每村，扶持小微金融，等等。

中国众多学者和金融界人士都把麦金农的书当圣经。虽然他在中国信徒无数，但是今天中国的金融环境完全没有改善。奇怪的是，金融深化现在又走过了头。包商银行的研究显示，在内蒙古的几乎每个乡、镇都有几个持牌金融机构，加上邮储银行、小贷公司、P2P、余额宝、微信支付等。在中国，货币供应量与GDP之比已经远远超过欧美绝大多数国家；居民和企业的负债水平也奇高；居民借贷消费的热度不亚于欧美。

为什么中国几乎所有公司都涉猎金融？

跨国公司如微软、苹果和英特尔等在国内外均有大量现金储备，而像谷歌、亚马逊和推特等则拥有庞大的用户基础。以上这些公司，任何一家都能随时调用大量现金，而且成本极低。那么，它们为什么没有开拓借贷业务并从中大赚特赚呢？中国企业高管常常会这样问。

中国的大企业都拥有自己的金融机构（甚至多种）：借贷、投资、基金、证券等。我们能想到的例外只有一个：华为。为什么金融如此受中国公司的青睐，却不受西方公司的爱戴呢？

当然，这里面有文化因素。在中国文化里，开一家银行或类似银行的金融机构，往往自带光环和神秘感。影视、文学作品的传播也或多或少促成了这种偏见。中国历史上，战乱和恶性通货膨胀频发，人们理所当然地认为最好的生意就是搞金融，可能仅次于管税收和印钞票。

除了文化因素，中国人对金融的痴迷大部分也因为融资困难。在中国，金融行业的回报率是相当高的。国内上市的 3 000 多家公司中，金融企业的净利润占全市场净利润的一半以上，2019 年更是高达 60%。也就是说，金融行业就是金矿。

除了非银行金融机构的野心勃勃和积极进取，一定还有什么原因使得金融业如此赚钱。是因为制度化垄断吗？显然不是，全国有 1 000 多家银行业机构。随便在哪条街上走走，你都能看到银行。是因为有利的监管环境吗？十年前还可以这么说。但近些年贷款利率放开，“协议存款”和货币基金也开始逐渐削弱央行对存款利率的调控力度，因此监管环境的利好也变弱了。

遗憾的是，金融过剩并没有压缩利息差。尽管银行的资金成本一直保持 2% 左右的低水平，却一直对借款人收取 7% ～ 8% 的利息，而最优惠贷款利率为 4% ～ 5%。也就是说，银行的利差仍然高得离谱，而且净资产收益率在 12% ～ 20% 之间。有哪个行业的收益能与银行业匹敌？！

但是，在国内不太赚钱的商业大环境下，为什么金融还能赚得盆满钵满呢？根本原因是居高不下的利差。而利差为什么能够那么高呢？

存款利息是由监管部门严格控制的。全国最大的货币基金要数阿里巴巴的余额宝，虽然这款产品非常流行，但和市场总量相比仍然微不足道。决定存款市场价格（利率）的仍然是受管制的银行存款，而非崛起的新生力量。

既然存款利率受到了严格管控、处于较低水平，那么，为什么放开的贷款利率没有同步下调从而降低净息差呢？

我们的推断如下：

国内的实际通胀率较高，因此，国内的银行借款利率低于实际应有的市场均衡水平。绝大部分银行都是政府控制的，基于社会民生等因素，银行并没有对贷款收取均衡利率。它们在配置有限的资金时采取了一些别的标准，比如借款人的股东背景、社会声望和抵押品等。而银行低于市场价格的借款利率刺激了更高的贷款需求。

银行的存款利息远低于市场水平，甚至也低于实际通胀水平。据国家统计局发布的数据，中国2014—2016年三年的通胀水平分别为1.5%、1.4%和3%。以此数据作为标准，国内银行的存款利息（不到一年期的定期）扣除物价因素之后，基本就是负数了。

银行的活期存款利息只有0.35%（如2016—2017年），而类似银行活期存款的余额宝和许多货币基金的回报率为2%～3%或更高。当然，这些货币基金不如银行活期存款那么安全（而且确实有利率风险），但是，货币基金的变现能力很强（随时可以赎回），而P2P的存在和疯狂事实上表明，央行确实把存款利息定得太低了。

2017年，余额宝两次下调散户的存款上限：从每个账户100万元到25万元，再到10万元。货币基金的收益率也下调了。这非常奇怪。为什么要把用户往外推？有的观察家认为余额宝是为了更好地管理流动性。我认为这讲不通。一个有着成百万上千万散户的公司，怎么会存在现金流问题呢？我认为真正的原因是，余额宝要同时考虑银行业和监管部门。央行、银监会和银行业应与货币基金有一定程度的沟通，给出相关的建议。正是因为这些外部压力的存在，货币基金公司通常都很克制。

尽管利息差已经很大了，贷款利率或许还不够高，这意味着市场这只看不见的手失效了。原因很可能在于银行的自我克制，它们不愿意把利率定在合理的高位。毕竟，贷款利率是最近几年才放开的，市场调节总是会有些滞后的。

过去40年，国内企业的负债比例一直很高，反映了资本金不足的状况和企业家追逐高回报的渴望。但他们永不满足的贷款需求持续推动着贷款利率上行。鉴于这些企业的冒险精神，只有次级贷款市场（如非银行金融机构）才能够满足他们的胃口。

次贷市场还是满足地方政府需求的好地方。举例来说，如果地方政府要违背中央意愿大兴土木（如修建豪华市政办公场所、高尔夫球场和高档酒店等），因为中央对地方有债务限制，就不得不利用次贷市场上的债务结构创新。国内有68家信托公司以及大量负责PPP（private-public partnerships）项目的专业公司，其中某些公司很擅长投机取巧，和安然、雷曼兄弟等公司一样善于“创新”。确实如此，它们把这当作核心竞争力来吹嘘。当监管部门禁止银行给地产商贷款购买土地时，房地产商只好求助于次级贷款（美其名曰前融）：信托贷款、理财产品，以及各种明股实债（附有回购协议或抽屉协议）。

当有关部门不鼓励发展钢铁厂、水泥加工厂、铝冶炼厂、采矿企业、重污染工厂以及其他企业的时候，就会禁止银行给这些企业贷款，迫使这些企业投入次贷市场的怀抱。有些银行往往会用一些比较曲折迂回的办法留住这些业务。

但金融过剩并没有压缩利息差的最最重要的原因是：赖账可以不受相应的惩罚。这就刺激了信贷需求，推高了信贷利率，拉大了存贷利差。

第四章

合适的借款人

在欧美，向客户提供不合适的金融服务可能是一项违规甚至违法的行为。当然这主要是最近十多年来的新常态（特别是 2008 年大危机以来）。至于什么叫不合适的金融产品，什么叫不适宜的人群，不同国家的法律规定有别。由于这类法律一般比较含糊，因此不同金融机构的掌握尺度不一，法庭的裁决或者政府的决定经常更为重要。

有几个案例值得考虑：

（1）中国的理财产品。

2020 年 4 月，中国银行的理财产品“中行原油宝”引发广泛关注。这是一个远期合约。投资者突然发现，自己除亏光了之外，还欠钱。此类金融产品在欧美只能卖给高净值客户（什么叫高净值客户？就又有定义问题），而且还要对客户讲清风险，也许需要签某些文件。中国有些投资者是知道高风险的，也愿赌服输，而且中国银行也确实只是中间人。但是，这类产品也许就有适合性的问题。

（2）网络证券公司。

新冠肺炎疫情把上亿美国人困在了家里。炒股票成了一个娱乐、赚钱和解闷的出路，网络证券公司 Robinhood 成了香饽饽。它的 APP 好用，还有股民提供融资。一个大学生被授予了百万美元的额度炒股票，某日此君突然发现自己亏损巨大，倒欠银行 90 多万美元。他自杀了。2020 年 6 月，全美各界都开始呼吁政府加强监管，敦促业内加强“金融产品适当性”的检查。现在，我们还不知道美国证监会和消费者保护局将对 Robinhood 和这类炒股票软件采取何种措施。

（3）次贷的衍生工具。

在2007—2008年之前，大量欧美金融机构因为把CDO这种次贷的衍生工具卖给零售客户而受到后来的重罚。比如巴克莱银行当时在美国卖了大量以住宅按揭贷款为基础而发行的RMBS衍生债券，导致投资者亏损巨大。为此，美国司法部要该银行支付20亿美元的罚金。其他很多银行都因为相似的事情受到过类似的惩罚。

（4）学生贷款。

2017年，当中国监管部门宣布对学生贷款加以限制时，很多金融机构和评论员表示不理解和反对，因为大学生都是成年人，有权决定喝酒、抽烟和借贷。但是，三年后回头看这个规定，我们觉得监管部门很英明。虽然在执行上不严格，很多次贷机构还在（偷偷地）向学生放款，但毕竟是少数，而且它们也比较收敛。当全社会都知道这是违规行为时，风气改善了。最后一点，监管部门多了一个惩罚的理由。这与绝大多数国家禁止向18岁以下人士出售烟、酒的禁令一样：有不少违规者，但是绝大多数人遵守，就已经很不错了。而且每个人都知道什么是正确、什么是错误，社会风气改善了。

（5）小额贷款和消费金融的适度性。

虽然格莱珉银行的尤努斯说，获得信贷是人权问题，但是，评论员休·辛克莱尔认为，在弱势群体中，并不是每个人都明白高利率的含义，也并非每个人都有能力做生意和掌握适度消费的尺度。他希望政府立法，迫使次贷机构把借贷条款和风险清清楚楚地向借款人解释，就像在卷烟包装上印上警示一样。

（6）雷曼兄弟迷你债券惹风波。

21世纪初，由于中国香港和新加坡经济陷入衰退，各大银行都找不到赚钱的机会，贷存比下降，存款利率相应暴跌。于是，那些追求投资收益的散户投资者开始抢购其他国家的金融产品。

在这样的大环境下，美国投资银行雷曼兄弟游刃有余，推出了一系列与上市公司（包括雷曼兄弟自己、房利美和房地美）的信用挂钩的金融衍生品。共有 16 家银行成为雷曼的销售代理，把这些产品卖给散户投资者。雷曼的理财产品年利率为 4% ～ 5%，比活期储蓄高多了。事实上，许多发达国家早已禁止银行把这些复杂的金融产品销售给散户投资者，遗憾的是，中国香港和新加坡市场监管较为宽松，批准了这样的交易。

有人指出，这些所谓的迷你债券收益更像是保险费，而散户投资者就是雷曼兄弟的保险公司：散户投资者出卖了一张保单给雷曼兄弟。如果这种逻辑是对的，我要补充一点：除了结构复杂的设计，迷你债券类似于中国的担保公司向中小企业收取的 2% ～ 3% 的担保费。在顺境中，这些钱赚得很容易；而一旦遇到问题，中小企业还不起钱了，担保公司就会损失惨重。

据估算，新加坡的散户在这类迷你债券上的投资高达 5 亿美元，而中国香港的散户则为 3 亿美元。由于雷曼兄弟是合约方，2008 年次贷危机发生后，雷曼兄弟一倒闭，这些金融产品就变得一文不值了。随后爆发了大量的抗议，大家指责监管部门没有发挥作用，抱怨银行误导了没有经验的散户投资者。

经过长达 5 年的民众抗议和各部门推诿扯皮之后，监管部门终于敦促这 16 家银行偿还散户投资者 60% ～ 90% 的初始投资资金，比例高低取决于这些金融产品的不同分级。

我一直很担心这场迷你债券风波在中国重演，一旦重演，波及的人群规模将更大。如今市场上，每天都有成千上万的复杂金融产品在买卖，而且包装得更诱人，风险更隐蔽。银监会、央行和证监会还是老一套，例行公事地敦促有关金融机构对所出售的金融产品进行精简或净化。但是，上有政策，下有对策，这些热情高涨的银行、信托公司和融资公司总能找到途径暗中推出新产品，更别提还有大量不受监管的金融机构的花样繁多的产品。

幸运的是，我们的市场上经常有怨声载道的散户发声，向那些理财公司、基金公司、信托公司、大宗商品交易商或房地产商等追讨他们辛辛苦苦挣来的钱。易租宝、泛亚资本和诺亚财富就是最近几年发生的典型案例。还有大量规模较小的案例被悄无声息地处理了，未被媒体披露。

换句话说，P2P 领域和各种理财产品的大量散户在投资的时候都是睁着眼睛的。这很像中国民众在股市上的表现，被股市虐了千百回，仍待股市如“初恋”。说实话，散户在股市上赔钱的次数要远远多于 P2P 市场和财富管理。过去 20 多年间，中国股民为欺诈所困扰已经不是什么秘密了。然而，没有任何一项规定能够避免下次股疯或股灾。

日本的高明举动

自媒体“懂财帝”曾经有一篇绝好的文章，指出日本早在 2006 年就立法严格限制高利贷年化利率上限为 20%，很快导致整个非银行金融体系的崩溃。可惜，其他国家（包括美国、欧洲和我们）一直躲在金融科技、P2P、小微信贷和消费金融等华丽词汇的背后，忘记了借贷的本质：消费者和小微企业根本承受不了高利息。

本书的观点更进一步：其实，中利、低利甚至负利也是很危险的。

跟传统的高利贷相比，金融科技只是加快了信贷的速度。也许还因为大数据，而增强了准确性。可是这是有争议的。在大家都负债累累的时候，准确度有多大意义？而且，互联网的获客成本被证明很高，这些成本最后也只能转嫁给消费者。

“懂财帝”在这篇题为《高利贷首富的覆灭：日本消费金融崛起与大溃败》的文章中说：

> 按照2006年新颁布的《利息限制法》的规定，贷款额10万日元以下年利率上限为20%，100万日元以下年利率上限为18%，超过100万日元的年利率上限是15%。
>
> 而另一部《出资法》则将此前规定的利率上限29.2%进一步下调到20%（利息包括手续费、礼金等除本金外所有费用），这意味着所有消费金融公司的年利率都被卡死在了20%。
>
> 从2010年6月18日起全面实施的《利息限制法》则要残酷得多，该法规定借款人贷款余额不得超过年总收入的1/3，否则新的借款将被禁止。
>
> 因此，家庭主妇、学生等无收入群体的贷款规模被大幅限制，原本经营面向高风险群体的消费金融公司不得不面临息差收入大幅度缩小的窘境，贷款余额和营收开始雪崩式地滑落。消费金融公司甚至还没办法做广告——按照规定，在电视广告宣传方面，需要事先获得行业协会审批，并规定一个月内在媒体上发布广告不得超过100个。《利息限制法》中返还利息的规定则是最为沉重的一击，也成了武富士最终破产的导火索。这项法案允许借款人向消费金融公司索要此前贷款中利息超过20%的部分，而消费金融公司不得不为此引入了“利息返还损失准备金”或“利息返回费用”，这使得它们的运营成本大幅度增加。

找到合适的人

所有的次贷机构都有一个制度性的利害冲突。作为企业，它们的业务要不断扩大，除了新客户，它们希望老客户留下来，时间越长越好。可是你想想，长期依赖高利贷的人是什么人？他们何时才能脱贫？如果这样的人不断增加，这是一个什么样的社会？

另外，消费信贷和小微贷款都有一个边际效用递减的问题。这与次贷机构的扩张冲动是有矛盾的。

面对全世界的信贷膨胀，以及它对金融机构、中小企业和弱势群体的腐蚀，我们认为全社会应该达成至少一项共识：在物欲面前，人是脆弱的。在一个鼓励消费甚至鼓励借贷消费的社会，很多人会失去自制力，会跟随。而这种跟随，除了带来焦虑不安和家庭矛盾以外，还容易毁掉他们本来已经拥有的财务自由和必要的储备。

因此，政府不要把短期的经济增长拴在消费者的不理性上，应该提倡健康的生活习惯。量入为出和勤俭节约既健康，也环保。这个地球承受不了大家都胡吃海花。

哪些人不适宜借贷？我们认为政府不需要通过立法来解决这个问题。2017 年央行、银保监会和下辖的全国互联网协会关于不准给学生放贷的行政宣言，虽无法律依据，但是十分有效地约束了绝大部分放贷机构的行为。这就很好。所有的放贷机构都应该提醒借钱人谨慎。这句话即使流于形式，也不是完全无用。它的作用就像烟盒上的那句话一样：“吸烟有害健康”！

媒体、文化界、娱乐圈时有对不劳而获、奢侈生活的渲染，十分有害，但是当前似乎无法通过立法立规来约束，也许只能听之任之。

货币政策的作用最大，又最容易被忽略。通货膨胀（即货币贬值）是储蓄的敌人，因为它鼓励今朝有酒今朝醉。在当今世界，大家普遍放松了对通胀的警惕，觉得通胀已死，甚至认为通胀有益。这是对过去的背叛，也是不符合事实的。

现在的通胀有了新的表现形式，但它对经济的伤害和对穷人的伤害同样严重。新的形式是：

（1）全球性的房地产价格持续上涨，拉大了财富差距；

（2）全球股市、债市的估值越来越高，正在用超高速度拉大财富差距。

在这样的背景下，节省和储蓄 1 000 元、10 000 元甚至 10 万元经常被嗤之以鼻。可是，在 6 亿人口只有 1 000 元月收入的发展中国家，除了勤奋和节俭之外，还有第三条通往小康社会的路吗？难道我们可以用印钞票和大肆借贷来脱贫吗？

我们现在的情况是：

（1）政府严格管控债务催收；

（2）法院不愿受理消费金融案件；

（3）很多案子在判决以后也很难执行。

不少人为这种状态喝彩，因为保护了一些“弱势群体”。但是，这种状态某种程度上也鼓励了欺诈性借贷、骗贷和不负责任的借贷习惯、消费习惯，伤害了金融机构，从长远看，也伤害了“老赖”和“弱势群体”。随着时间的推移，这些人的一锤子买卖会让他们自己被长期挡在金融系统之外。

第五章

全世界普惠金融的失败

中国的次贷（小微信贷、普惠金融）高峰期在2010—2017年，比亚非拉大多数国家晚十年左右。原因之一可能是中国政府对此类外国投资者的限制。中国直到2009年才大量批准成立小贷公司。其实，在第三世界穷国，这个行业早在2009—2010年就爆雷了，只是国内媒体报道太少而已。

标志性事件包括：

（1）2011年3月，孟加拉国政府从格莱珉银行开除了尤努斯，列举了两个原因：他触及的法律问题和违规行为（挪威政府基金曾指责他挪用资金），他到了退休年龄。

（2）在此前两年内，厄瓜多尔爆发大规模抗议，用户全部拒绝归还小微信贷，并封锁公路，政府支持了借款的人们，小贷公司亏光了。

（3）此前的两年，印度和孟加拉国的大量欠款人自杀、抗议。印度安得拉邦政府发布命令，要求所有的小贷公司只能回收贷款，不能再放款。采取的做法是逼着它们重新登记。由于它们不能再放新款，于是借款人也拒绝（或者无力）归还已有的债务。整个行业在这个州全部死亡。

在深切地感受着中国次贷金融行业之痛的同时，我们认真读了3本2012年出版的关于普惠金融的好书。本章不求系统性、完整性，只求简单介绍其中两本书中与中国相关性比较高的内容。

休·辛克莱尔在非洲和拉美几个国家的普惠金融机构和荷兰的普惠金融基金公司工作过近20年。他的结论，我们大致归纳如下：

（1）世界范围内的普惠金融（包括尤努斯的格莱珉银行）都是

以支持微型企业家（穷人）为口号的。但事实上，绝大多数借钱人都把钱用在了消费上。钱在同一个口袋里，怎么分得开呢？而且，穷人的生活坎坷多，动不动就遇到困难，怎么能保证买米的钱不打酱油呢？

（2）并非每个穷人都会经商、愿意经商、经商能成功。微型企业大量重复，同质化竞争，很快就把那一丁点可怜的商机变成了红海。

（3）任何企业都有边际效益递减的问题。微型企业无技术、规模不经济、承受不了任何风险，因此死亡率奇高。

（4）在绝大多数情况下，穷人用那么高的利息（比如年化 20% 以上）借来的钱满足消费欲望，会不会在贫困的陷阱中越陷越深呢？最终的结局是大面积违约，既伤害了借钱人，也伤害了放贷者。授人以鱼，不如授人以渔，但小微企业贷款在授人以渔的同时把借款人锁定在债务之中了。

（5）穷人不被银行所覆盖，必有经济原因。那些抱着浪漫和民主情怀的普惠金融人士想填补这个空缺，但很快就发现了什么叫基本面。

（6）储蓄是脱贫的必要条件，虽非充分条件。克制消费欲望和消费性借贷是国家繁荣和家庭繁荣之必需。

（7）绝大多数人的命运是打工，而不是蚂蚁般地重复性创业。大工业化是社会脱贫之路，在这一点上，韩国成功了，中国有了一些成功，但是多数发展中国家失败了。

（8）储蓄不光是一个文化和习惯问题，也受到基础设施的影响。政府应该创造条件，帮助穷人克制消费、增加储蓄，付给他们公平的利率，才是真正有效的治理。可惜的是，那么多第三世界国家的政府没有走在正确的路上：不断地以通胀的方式剥削贫困的储蓄者，而且让人们失去了储蓄的兴趣和动力，这让贫困得以进一步固化。休·辛克莱尔讲了一个实在的例子。非洲很多地方的农民要步行 20 公里才能找到一个银行分支机构，这就不利于储蓄。把那么辛辛苦苦挣得的钱放在家里，自己和配偶一不小心就把它花掉了。人总是需要一种外力来抵抗诱惑的。

学者周琼在题为《随着经济发展，小微企业占比会减少吗？》的财新博文中说，发达国家的小微企业在所有企业中的比重跟穷国差不多高。她得出结论，经济发展水平并不能降低小微企业和自雇人员的比重。我们完全不同意她的结论。原因是：穷国的大量劳动力处于吃了上顿没下顿的状态。比如，那些站在马路边希望帮你提行李、擦鞋、打扫卫生、做装修的劳工，还有农村的闲置劳动力，根本不是“小微企业”或者“自雇人员”的统计数据的一部分。因此，穷国的数据低估了事实。

发达国家有大量的软件开发人员、医生、律师、自媒体从业者、经纪人选择自雇，或者开办小微企业。这是一个自由的选择，他们的日子过得很好。可是，穷国的小微企业和自雇人员往往是被迫的。如果能得到大企业的稳定工作，特别是成为公务员，他们立刻就可以放下眼前的状态。所以，怎么可比呢？

她在同一篇文章中也承认：发达国家“20% 的小微企业是为了追求自由，希望工作和生活达到一种平衡。大部分小微企业属于熟练工匠型，占比在 70% 左右。例如，律师开办律师事务所，医生开办诊所，手艺好的人开店帮人打家具，会照相的人开办婚纱摄影馆”。

储蓄的妙处

在非洲很多地方，储蓄者不仅不得利息，而且还要反过来给银行（或者互助协会）支付高昂的保管费用。很多小额贷款公司也可以合法地吸收储蓄。即使这样，笔者也认为是积德的，因为贫穷的农民最终有了积蓄，这是脱贫的关键一步！

1991—1994年，笔者在澳大利亚堪培拉大学当讲师时，一个老讲师同事退休前才付清他23年期的按揭贷款。他高兴地说，每个月让银行从工资中自动优先扣除按揭的本金和利息，是一件了不起的事情，因为这逼迫自己只能在剩下的钱上做预算。否则，“我到退休时也攒不了一分钱。今天多喝一杯啤酒，明天买件夹克，钱就没有了”。这是一个简单而难忘的故事。不仅是穷人，甚至中产阶层都需要一个强迫自己储蓄的由头。

小微信贷和消费信贷（不管是低息还是高息）都是合法的生意，就像卖烟酒和化妆品一样，就是一门生意，不可将它浪漫化。

政府真正想帮助穷人脱贫，就必须创造大量稳定的工作机会。大工业，也只有大工业，才能做得到。在发展中国家，就业压力本来就大，而人工智能及自动化普及的未来又会减少产业对劳动力的需求，这使得大量稳定的工作机会愈加重要。

2009年9月22日，世界上主要的普惠金融基金公司和资金提供方（BlueOrchard，ResponsAbility，Triple Jump，Calvert Foundation，Kiva and Deutsche Bank）发了一封公开信，敦促尼加拉瓜政府维护法治和金融秩序，保护契约，“以便我们提供源源不断的资金，为尼加拉瓜人民谋福利”。这里，问题的关键显然不是法制和金融秩序。当穷人被高利贷剥削得没有出路时，出问题不是很正常吗？

战乱后的尼加拉瓜只有500多万人，但是2010年前后，普惠金融机构避开当地政府设定的利息上限（太容易了），发放了5亿多美元的所谓普惠贷款。大量穷人在循环贷款中爬不起来了，只好暴动，庞氏骗局结束了。普惠金融机构请警察逮捕了30个欠款人，激起了暴动。人们封锁了10公里长的泛美高速公路，示威游行。地方政府领导人表示支持欠款人，随后全国的微贷欠款人都拒绝还钱。为了选票，各地的政客都选择了支持穷人。整个国家的微贷企业死光了。它们的资金主要来源于瑞士和荷兰的一些基金。

不知道什么原因，中国一直没有成为世界普惠金融机构的主战场。我们能想到的只有三个机构：一是北京的中合农信；二是内蒙古赤峰市等地的安信永国际（Accion International）；三是巴黎的 Microcredits 设在成都和绵阳的美星小贷。

在欧美，有些非营利组织的众筹网站，比如Kiva.org和MicroPlace专门为穷国的普惠金融机构/小贷公司筹款。欧美的很多老百姓轻信他们的宣传。可是，由于坏账多、费用高，这种网站的资金成本往往在很高（10%以上）的水平，这样才能生存下来。而它们所支持的那些普惠金融机构/小贷公司经常把放款利率定在50%甚至80%以上。这样的高利率是发达国家的善男信女们所不知道的，也是这些众筹网站不愿意承认的。

很多机构直接为众筹网站Kiva捐款，包括微软、摩根大通银行、谷歌等。与全世界绝大部分普惠金融机构一样，Kiva声称违约率低于2%。你不得不想，世界上的坏人都去哪儿了？参与众筹的善男信女们不拿利息，但是承担违约风险，而Kiva的下家们（普惠金融机构）用50%～80%的利率放款。这样的借款人能够脱贫甚至繁荣吗？

新瓶装旧酒？

很多普惠金融机构是营利性组织，有些还成了上市公司（印度的SKS，墨西哥的Compartamos）。但相对于普惠金融，现在全世界时髦的金融科技行业会不会是新瓶装旧酒？

John Hatch FINCA（世界上最大的微贷公司之一）的创始人公开说，微贷的 90% 实际上用在了消费上，而不是投资上。这和世界范围内微贷 / 普惠金融的宣传以及贷款申请书上所说的用途（小微企业）完全不符合。多数小微企业贷款实际上被吃掉了，或者用来买电器等生活用品，也有不少用来归还另一个高利贷。

挪威政府的外援基金投资了孟加拉国格莱珉银行之后，发现尤努斯违规挪用资金。此事在世界媒体上弄得沸沸扬扬，差点闹出大官司，后来通过外交途径解决了。

全世界的微贷行业和普惠金融行业的共同问题是共债，负债率太高，欠款人的还款能力太弱。真正的 API（每周或者每月的等额本息还款）还款一般都高于 30%。小贷公司本身也是中小企业，也十分脆弱：成本高、规模小、专业能力差、“内鬼”多。

对于小微企业贷款或者消费金融来说，尽职调查多多少少“不尽职”。尽职调查的成本太高，它们怎么可能认真做呢？说到底，信贷还是要有抓手。小额贷款（特别是无抵押的）的抓手是什么呢？名声？形象？如果一个穷人能从每个地方借 3 000 元，而到 50 个地方借钱，这 15 万元的总数就足够抵销面子的压力，事实上在鼓励他违约。即使尽职调查可以了解一个人的还款能力，但是怎么才能知道他的还款意愿呢？

联合国曾宣布 2005 年为普惠金融年。可是，2011 年，*Time World* 的一篇文章的结论是，普惠金融在扶贫方面的整体影响为零。联合国有个人类发展指数（Human Development Index），专门衡量国家的综合福利。2001 年，尼加拉瓜排世界第 106 位；2009 年，在疯狂的普惠金融席卷之后，它掉到了第 124 位。而孟加拉国也从 2001 年的第 132 位掉到了第 146 位。

当然这不是一个科学的研究方法。你也许会说：“如果没有普惠金融，这些国家可能更糟糕！”谁也无法说服对方，但是把百万、千万的人民锁定在效率低下的分散经营之中，支付这么高的利率，能脱贫吗？在未做研究的情况下，好心的人们认为穷人有很多投资机会和经商的主意，只是没有资金而已。一旦你给他们贷款，他们的美梦就会成真。

◉ 还款的连坐制

休·辛克莱尔还说，普惠金融行业监管不足，为了保证还款而实行的连坐制很伤人。欧美投资机构并没有做艰苦的思索和调查研究，却满足于在研讨会上、宴会厅里被这些令人感动、兴奋或者暖心的词句所击败：“为村姑企业家赋能”“穷人的尊严”“创业天才”，等等。

辛克莱尔还认为，设定贷款的利率上限看起来违反市场原则，但是有积极作用。他提出了一个结论：过度的金融应该把放贷利率打下去，这对穷人有利。有些地方，比如玻利维亚，放贷利率确实从 1998 年之前的 30% 降到了 2005 年的 21%。但是在其他地区，这种趋势并不明显。为什么？作者没有给出像样的解释，而只是说，也许放贷机构之间有勾搭。我们认为很可能有以下几个原因：借款人的地位、能力和文化水平太低，不会争取低息；他们的经济和社会状况太差，因此饥不择食；借款人也许隐隐约约有一种不想归还贷款的意思；他们也许带着一点点希望，幻想神奇的事情发生，带他们逃离苦海。

亚非拉各国的穷人与中国人一样，非常渴望稳定的生活，渴望稳定性和可预见性。这与他们的苦难经历和社会动荡有关。

另一个研究者大卫·鲁德曼（David Roodman）指出：

（1）每个小微信贷的支持者和反对者都喜欢用故事来表达各自

的看法：前者讲贫穷的村民因为借了小贷而养猪或者卖水果，从极端贫困中爬出来了，或者让孩子上学了。后者讲恶霸催收逼着他们卖掉了破房子，举家无居所，孩子被迫退学等。而真实的世界是两者结合。

（2）政府要努力为穷人提供三样东西：安全的储蓄机构，便宜而实用的保险，以及方便而快捷的支付。要淡化贷款。中国的网上银行、支付宝、微信支付这一类基础设施，对穷人的用处极大。

贷款是把双刃剑，容易加大穷人的风险。穷人的收入本来就太低，而且不稳定。如果要求每月或者每周还款，那就太难了。借款连坐制的要求太苛刻。小微信贷并没有（也不可能）带领百万、千万的穷人走出苦海，有限的小微金融资源必须用来建立公共金融机构和制度。要脱贫，就必须搞大工业，也只有大工业才能提供大量稳定的工作机会。

（3）关于小微信贷的各种实证研究（随机分析或者非随机分析）是有问题的。比如，2005—2007年间，如果你研究美国的住宅按揭贷款对借款人的影响，你会得出什么样的结论？你会怎样评论按揭贷款行业对人类的福利和国家发展的影响？

在穷国，借了小微信贷的人们在几年后与未借的人相比一般不会有明显的不同，如收入、住房等。即使有不同，也许其他的因素起了作用，比如原本各自的条件就不同：村里的路、个人的聪明程度和商业技能等。这方面的证据一直不足。有不少小微信贷确实用到了生意上，但成功者不多。

尤努斯确实是小微信贷行业的伟人，可是社会的进步与公平、公正、自由密不可分。如果尤努斯年轻时选择了从政，他对孟加拉国和世界贫困国家的贡献也许更大。

阿玛蒂亚·森说，人类和社会的福利不能光用收入来衡量。即使小微信贷不增加穷人的净收入，可是它给穷人提供了全新的腾挪空间，尤其是在教育、医疗、自由等方面。一句话，小微信贷提供了新的可能性，也就是赋能（empowerment）。但是大卫·鲁德曼认为信贷就是加杠杆，因此有其危险性。

印度政府不准小贷公司吸收储蓄存款，这是个巨大的错误。吸储与放贷可以完全做到两条线，吸收的储蓄可以完全转给储户在银行开设的账户，或者由授权的小贷公司保管（但是不能用来放贷）。在金融机构网点严重不足的穷国，比如拉丁美洲和非洲的许多国家，很多小贷公司有权吸储，效果不错。

大卫·鲁德曼还说：

> 人们用各种逻辑证明小微信贷行业需要更多的资金。但是资金流入已经太多，而不是太少。我们容易忘记一个真理：所有信贷市场的特点是亢奋与萧条的交织。如果你增加信贷供应，你总能找到需求，因为借款人可以借新还旧。
>
> 换言之，小微信贷就像处方药一样，在小剂量时有好处，滥用则很危险。即使一个贷款公司控制好放款额度，整个行业也难以控制。共债太多怎么办？这会产生泡沫，会威胁行业的持续发展。
>
> 人们把信贷（和其他金融服务）用于小微企业，可是大家最好清楚一点，小微企业只是一种自足自给的生存，而不是爬出贫困的梯子。

跟休·辛克莱尔相比，鲁德曼对小微信贷行业的观点更加中性，也就是不那么负面。他认为，在这三个方面需要进行系统的分析：

（1）小微信贷究竟能否帮助穷人（和小微企业）；

（2）它会不会把穷人（和小微企业）锁定在（甚至推进）债务陷阱；

（3）小微信贷对于社会的运转、制度、文化究竟有无好处。

2010年，鲁德曼和同事做过统计数据的分析，而不是仅仅画几条曲线，列几个表格。他们也评估了其他学者在这方面的研究，得出的结论是中性的。也就是说，综合起来看，正负两方面的影响好像互相抵消。英国《金融时报》立刻发表文章说，“搞了半天，小贷就是这么回事？”《波士顿环球报》发文称，“在投入几百亿美元和授予了一个诺贝尔奖（指尤努斯）之后，综合效果是零？”

这对于当时还很时尚的小微信贷行业，无疑是一个巨大的打击。作为还击，欧美六大小微信贷基金联名发表了6个成功脱贫的例子（每家出了一个）。但这不能取代系统的研究，因为即使你列出100个成功的例子，反对者也可以列出更多反面的例子。所以，统计学的研究更严谨。不过量化分析的数据也经常不真实、不准确。花里胡哨的数学容易掩盖常识和判断，比如，统计学上有相关性的两个变量是否一定有因果关系呢？鲁德曼说，“Correlation is not the same as causation”（相关性不等于因果关系）。

有趣的是，在10年后的今天，这六大小微信贷基金的反驳文章以及它们提供的成功案例都从各自的网站上抹掉了。我们想看看，未果。为什么？你可以猜。我们的猜测是那些成功的小贷客户都倒闭了。小微企业的存活率，你是知道的。

对比研究

鲁德曼说，为了研究次贷（小微信贷和消费信贷）对穷人的影响，抽样调查或者访谈都有片面性和不准确的问题。所以，研究人员必须估算这些穷人如果不借次贷会是怎样的，即 measuring the world as it isn't。

为了对比借小微信贷和不借小微信贷对家庭生活、收入的影响，美国麻省理工学院的研究人员到印度的海得拉巴市与小贷公司Spandana合作，为一个街区的居民发放小贷，对另一个街区的居民不放小贷。但是，这种研究是否有代表性，能否在其他地区复制这个实验，都不确定。比如，在小微信贷的圣地孟加拉国，几乎每个家庭都可以借到小微信贷，研究者无法进行"借与不借"的实验。中国也是如此。

你不得不问，小微信贷如果没有出现的话，孟加拉国政府和民众是否会因为就业的压力和谋生的需要，而被迫办起了大工业，甚至发动了革命，或者出现了大移民潮。小微信贷究竟是害了他们（让他们苟且偷生），还是真的帮了他们？同样，从业人员和金主们喜获经营牌照时，是否曾经想过，这个牌照同时也是亏损的门票、上吊的绳子？

10年前，融资担保公司惹人嫉恨，因为它们的杠杆10倍，中小企业为了从银行贷款，常常需要一个担保公司出具担保，做背书，它们"凭空"收取2%～3%的担保费，简直是印钞票！可是，大家忘了，这是刀尖上舔血。后来，整个行业上万家融资担保公司绝大多数壮烈牺牲了，现在剩下不到200家。

过去10年，小额贷款行业也是一样：利率似乎很高，年化20%～40%。也惹来评论界的责难。但是，很快，9 000多家小贷企业就只剩下大约一半，而且剩下的也大都是断胳膊残腿的。

从2018年开始，P2P和助贷行业也滑到了这个泥潭中。社会上一片谴责，利益相关者也毫无感激之情，争相落井下石。谁是受益者？那几千万（甚至上亿的）出资人，那几千万借款人。P2P平台和助贷机构提供的是一个额外的选择，经常也是雪中送炭。

第六章

劳务输出就像小额贷款一样

过去几十年来，主流的自由经济学派一直鼓励各国发展小微企业，特别是在穷国推广经济民主和扶持弱小。可这条路多少会触及各国独特的文化传统。打工就不免涉及剩余价值的剥削，为自己工作多么浪漫啊！

在印度、孟加拉国、墨西哥、巴西、菲律宾和非洲的穷国，有大量无业和失业的劳动力。于是，个体、家庭式的小微企业一直被发展经济学界认为是一条出路。

但是，如何才能帮助小微企业成长呢？你必须为它们提供大量的资金。可是它们面临的风险很高，加上服务它们的运营成本很高，信贷资金的利率必须很高。几千万上亿的劳动力都单打独斗，规模不经济是肯定的。加起来的环保成本、交通运输成本一定也很惊人。他们都在努力维持生存，但最终能够脱离贫困吗？

这些国家对外开放已经很久，于是，人民很自然就想到了劳务输出。劳务输出确实缓解了就业的压力，让人们有了一碗饭吃，家庭有一点汇款收入。但是一个依靠汇款和劳务输出来维持的国家能有前途吗？这会不会变成一种依赖？

在这些国家，投资从来就是不足的，这又与劳务输出形成了一个恶性循环。大量的劳动力随时在想办法去美国、欧洲和中东地区打工，在这样不稳定的情况下，谁敢去投资呢？外国投资者意愿不足，当地投资者意愿也不足。

输出的劳动力一般很不愿意再回国，因为时间长了之后，会不适应旧的环境，而且工资差距也是一个现实问题。但是长期在外，对本国的人力资源毕竟没有累积的效果：知识和产业并没有留在本国。

劳务输出确实带来了很多社会问题、家庭问题。汇款解决的主要是留守儿童和老人的消费，但本国的产业何时能够站起来呢？政府确实解决了临时的头痛，但是没有被倒逼着想更根本、更长远的战略：如何发展本国的基础设施和工业。

小微企业融资（和各种扶持政策）跟劳动力输出一样，只不过是一种短暂的逃脱。虽然发达国家也有大量的小微企业，可那主要是人们生活方式的选择。欧美人愿意自己当个体码农，开律师事务所、会计师事务所，做咨询师、设计师、装修师，等等，那是生活方式的选择而不是被迫的。但是在发展中国家，很多人吃了上顿没下顿，当“小微企业家”实属无奈。你如果给他们一个机会去工厂、商场或者政府工作，他们会立刻放下手中的事情。

如果政府不痛下决心，创立大工业，大家只能过一天算一天。可是政府一般不愿意承担起组织者的职责，因为这好像与自由经济理论相悖。

穷国最缺的是组织能力。它们当然也缺资金，但更缺的是组织者。给大量的小微/家庭企业提供资金，这么贵的资金，从长远、从根本上帮不了它们。即使是零利息的资金，它们消费掉了以后，也没有能力还款，或者只能一直待在借新还旧的泥潭里。表面上，人们都“就业”了，都有事做，可是日复一日，年复一年，他们能做大吗？他们有创新能力吗？他们有科研能力吗？这是不是政府的失败、社会的失败呢？

欧美国家政府早期的大力投资

英国教授玛丽安娜·马祖卡托（Mariana Mazzucato）在 *The Entrepreneurial* 一书中探讨了自由经济理论的骗人之处。她说，欧美国家政府早期的大力投资（特别是在基础产业）是民营企业创立、成长的前提。即使今天，欧美国家政府的投资依然巨大。比如，苹果手机的成功就有赖于各国政府在电信、基础教育和配套工业中的巨额投资。

在发展本国工业方面，中国在世界发展中国家中算是很成功的，实际上得益于阴差阳错。过去 40 年，有几个原因促成了这种结果：

第一，中国在长时期的闭关锁国之后才开放。20 世纪 70 年代末刚开放的时候，西方国家甚至发展中国家都因为意识形态的原因不接受中国，而中国有这么大的劳动力市场，只能自己想办法。

第二，中国政府是一个大政府，它能感觉到就业的压力和责任。

第三，中国人去海外就业，语言的困难不小。我们从来没有依靠劳务输出。

第四，中国的小微贷款是 2007—2008 年才开始出现的。我们很快就把它推向了极端，摧毁了它的神秘色彩。这是中国的幸运之处。

但是，巴西、墨西哥、菲律宾、印度这些国家一直是比较开放的，所以人们就想了一个比较懒的办法，移民到海外去，或者到海外去打工。

可是无数个短期就变成了长期，这些国家一直没有痛下决心解决自己的工业问题、大工业问题，特别是基础设施的问题。

在过去 10 ～ 15 年，中国也成了一个主要的劳务输出国，但是劳务输出占中国总的劳动力市场的比重并没有那么大。而且中国的有些劳务输出是成建制的，经常伴随着中国企业输出工业设备、开工厂等。

由表 6–1 可见，基于人口规模考虑，中国输出的劳动力占国内劳动力市场的比重，比菲律宾、墨西哥、尼日利亚、埃及等国小多了。

表 6–1　世界主要劳务输出国汇款收入　　单位：亿美元

国家	2017 海外汇款收入
印度	690
中国	640
菲律宾	330
墨西哥	310
尼日利亚	220
埃及	220
巴基斯坦	200
越南	140
孟加拉国	130
印度尼西亚	90

资料来源：世界银行.

中国在过去 10 ～ 15 年输出劳务的时候，国内的工业已经有了不错的基础，这与印度、巴西、墨西哥、孟加拉国和菲律宾很不一样。

输出的劳动力当然能够长见识、学技术，但是这总是比较有限的，未能在国内产生积极的连锁反应。而且他们所学的知识是否能够顺利地移植回本国，也有不小的疑问。

国有企业虽然有时被批评效率低，它们难道会比成千上万的家庭企业更差吗？总体来说，国有企业一般比较大，代表的是规模经济、制衡、规划和科研能力。因为它们的存在，一系列配套的民营企业才有可能存在。正是因为政府在公路、铁路、码头、机场、电信等方面的巨额投资，才使民营企业得以生存，使科技创新成为可能。

第七章

金融科技：新瓶装旧酒

创业伊始，亚马逊董事长贝佐斯就立下军规：整个公司永远不准做 PPT 文件。为什么？他说，花里胡哨的 PPT 容易掩盖逻辑思维的严肃性，而且一页一页的 PPT 容易脱节，导致思想不连贯。那怎么办呢？他坚持要求每个项目建议书必须是六页纸的文字，遵守他定的格式。这样你就不太可能喊口号，不太容易滥用浮夸的新词汇。

我们认为，他太高明了。在当今世界，滥用 PPT 和堆砌新词汇是一种通病，掩盖了思想的欠缺和逻辑的跳跃。不实在，甚至不诚实。

在普惠金融、小微信贷和金融科技领域，空洞无物的词汇太多了。银行行长们、创业者们、科员们无不趋之若鹜。这是懒惰的表现。如何从 A 到 B、C，这是不可能用新词汇来搪塞的。

今天的金融科技可以分为：

（1）信贷科技；

（2）支付科技；

（3）保险科技；

（4）理财科技等。

但是，最主要的一部分还是通过对大数据的分析搞次贷，即在信用分数比较差和根本尚无信用记录的人群中找到好的借款人，也就是在烂苹果中找好的，在青苹果中找不那么涩的。

最近，某大型银行的副行长在央行的刊物上大谈以金融科技有效破解小微融资难题。这种文章非常多，在各种研讨会上热情奔放的论述也不少。但是我们认为这只是一种理想，过去十年的实践证明，这个理想无法实现。它就是新瓶装旧酒。

一个助贷公司的CEO说："数据和科技固然可以帮助银行提高效率和风险识别能力，但是不能改变小微企业整体风险较高的实质。"我们很赞成。但是，他接着说的话，我们并不赞成。

他接着说："如果没有风险定价的市场机制，再多的政策激励和科技也还是没法解决问题。"他认为风险定价很重要。也就是说，他认为低风险的借款人应该享用便宜的钱，高风险的借款人应该付高利率。

"风险定价"听起来似乎有道理。它确实也被当作金融业的最高真理，在信贷、债券、投资等领域的运用十分广泛。可是，它真的正确吗？有用吗？高利率显然会加大借款人的负担，把本来就危险的客户往火坑里推，把借贷关系变成了赤裸裸的互相伤害。他的意思是36%的利率上限妨碍了他的定价，但我们觉得高利率更加危险。从长期来看，高利率无法覆盖高风险。

如果有质押品、抵押品，那么，信贷机构就必须问这样几个问题：能够有效执行吗？质押品、抵押品能够覆盖信贷损失吗？如果大量处置抵押品的话，这个生意还能持续吗？如果是纯信用贷款，那么高利率会不会很快导致违约？怎么催收？

应该提倡冷静期？

有人倡导，信贷资金只应该有一个固定的利率。而信贷人员只需要做一个决定：贷还是不贷。

智能手机、APP、微信支付和网上银行是最近十年的创新，它们确实给生活带来了方便。但是任何信贷（当然包括小微信贷）绝对不会因为你用智能手机或者APP就变得更加安全。恰恰相反，信贷因此变得更加危险！

原因包括：

（1）信贷机构在强调速度的同时，容易忘记大多数借款需求并不是那么急。“两小时审批”“两分钟审批”听起来很酷，但是真的很必要吗？借款人一时头脑发热，是否需要一点冷静期？有些欧洲教会劝年轻人在婚前不要发生性关系，采用了这个口号：“Good things come to those who wait”（好事可以等）。我们的消费信贷、小微金融也应该提倡冷静期。

（2）一笔贷款会不会变坏，首先取决于借款人的还款能力和意愿。但这只是微观因素。宏观因素就更多了，包括经济状况、劳动力市场、共债、金融体系健康状况、监管、催收政策、处置能力等，这些因素往往比微观因素更重要。

（3）中小企业融资，对借款人的商业模式和前景的判断，是无法用机器来完成的。

早在2017年9月，中欧国际工商学院的芮萌教授就在Eurobizonline撰文说，大家不要被AI、大数据和金融科技所迷惑，它们只是加快了支付和信贷的速度，因此只是小微信贷的新瓶装旧酒。

不过，他说，AI和区块链会在保险和财富管理领域有重大突破。这一点我们是有疑问的，因为这两个领域中的问题与信贷所碰到的挑战是一样的。科技手段只是让过程缩短了，可是慢一点有什么大问题吗？保险和财富管理是很急的事吗？

近十年来，我们发现英国、美国和中国的很多大银行都在科技方面做了大量投入，它们的技术水平绝对不比金融科技行业的创业企业差（即使在一个狭小的领域），而且它们更加安全。作为一个消费者，我们没有太多可抱怨的。我们认为，大银行之所以这样做，部分原因是彼此之间的竞争，但是，更主要的原因是大银行的高管们快被金融科技的吹鼓手们潮水般的唾沫淹死了。这些吹鼓手除了金融科技人员之外，还包括政客和媒体人。

2020 年 2 月，英国互联网银行 Revolut 融资 5 亿美元，估值 55 亿美元。在此之前几个星期，英国另外几家创新银行也获得了大额融资：Starling 从现有股东融到 6 000 万英镑，Monzo 和 Monese 也准备融 1 亿英镑。

这些新型银行的客户数从 2018 年的 770 万人增加到了 2019 年的 1 960 万人。但是客户的存款额都很小，人均存款从 350 英镑降至 260 英镑。管理这种小额账户，银行一定要亏钱。这类账户的平均规模不知猴年马月才能变大，因为它们本来就是可有可无的，而不是必需的。

这些创新银行或者金融科技企业天生就很脆弱。2020 年初 Revolut 融资后，新冠肺炎疫情就来了。网上曾传言它有生存危机。它在立陶宛获得了一个银行牌照，但是小国的市场能支撑一个大型的跨国银行吗？反洗钱问题、创始人的父亲还在俄罗斯石油公司就职等都是该行面临的问题。这些创新金融科技企业一般不是被传统银行打败，往往是被自己打败：商业模式的缺点，分配不均，合规的缺陷。

在美国，金融科技界的领袖是 Capital One（第一资本信贷银行）。如果用一句话来形容它，那就是：它是一个消费信贷和中小企业融资机构，而且是以次贷为主。它的客户与美国运通银行的高端客户群体完全不同。当然，第一资本信贷银行和美国运通银行都是超级成功的大机构，市值分别为 270 亿美元和 760 亿美元，过去 20 年的业绩和股价表现都不错。但是，最近 5 年的它们的表现相差很大，也说明，次贷走到一个饱和状态之后遇到了空前挑战：过去 5 年，运通的股价上涨了 50% 左右，而第一资本信贷的股价下跌了25%。这个差距太大了。什么原因？次贷的坏账伤害了后者。

◉ 还是银行更加优越？

美国的LendingClub成立于2007年，以颠覆传统银行业、降低金融媒介的成本为使命，专门服务次贷人群（次贷消费者和小微企业）。作为一个P2P加助贷平台，它的手段是：（1）提高出资人的回报率；（2）降低借钱人的成本。它的居间费率仅为融资额的1%。虽然它有蜡烛精神，但是创业之后的12年，它依然出师未捷，而且最近向银行业投降了。

2020年2月份，LendingClub宣布花1.85亿美元收购波士顿的社区银行Radius Bank。公告一出，它的股价立即大跌15%。到7月份跌了近半。业界很多人喜欢波士顿的这个收购标的，但是这次收购使人们增加了对金融科技的怀疑，因为这项收购等于变相承认银行的牌照和商业模式更加优越。这让那些带着“金融民主”和“直销银行”情怀的投资者十分惆怅。

LendingClub的平台上有20万散户投资者（自选投资项目）、80多个授权账户、60多个银行和90多个机构投资者。但是，资金成本高达4%，这显然很难跟传统银行竞争。LendingClub在宣布收购Radius Bank的公告中声称，在这项收购完成之后（估计要12～25个月的审批时间），它未来的资金成本将降低到1.8%。

我们对这种说法很怀疑。为什么？因为这只是LendingClub两个部门之间的转移支付，互相补贴而已。难道收购这个银行所花的钱不应该另有回报吗？这个银行是免费送来的吗？作为一个银行，Radius Bank还将继续需要满足资本充足率等一系列监管要求。在纯市场化的前提下，LendingClub的资金成本应该是不变的，因为Radius Bank不能白干，它可以把资金导给另外的P2P或者助贷平台，获取 4% 左右的收益。

一个相关的问题是：难道 60 多个银行和其他那么多资金提供者都无法满足 LendingClub 的资金需求，它还需要收购一个小小的社区银行来补充？那么多的资金提供者为什么不能（或者不愿）提供更多的资金呢？2013 年，LendingClub 说，它助成的信贷额（发生额）为 470 亿美元，占美国个人信用放款市场（unsecured credit）的 4%，2018 年涨到了 1 030 亿美元，市占率达 10%。虽然它的市占率和放贷发生额都有了不错的增长，但是这隐含着一个危险的信号：如果它的数字可靠的话，那么美国的个人信用放款市场总规模在 6 年里不仅没有增长，还下降了 13%！即从 11 750 亿美元下降到了 10 300 亿美元。

况且，放款的促成额在 6 年才翻一番，这哪里算什么互联网速度？

LendingClub 于 2015 年初在美国 IPO 之后，股价已经从 146 美元跌到现在的 5 美元。2019 年它仍然亏损（据 2019 年 4Q 盈利数据）。虽然全年调整后的 EBITDA 现金流和利润为正，但是，正如巴菲特所说，那些被“调整”掉的项目（比如期权费用、折旧、摊销、减值损失），难道你指望 tooth fairy（牙仙子）帮你支付吗？

从 2007 年的横空出世，到 IPO 时的万众期待，LendingClub 今天仍然是一个小公司：市值不到 4 亿美元。这是不是全行业的问题？

全世界第一个 P2P 公司

全世界第一个 P2P 公司是英国的 Zopa。它成立于 2004 年，现在已有 16 年的历史，依然“健在”，还比较健康，但是没有做大，也没有上市。2020 年 6 月份，它被英国的金融行为监管局 FCA

（The Financial Conduct Authority，相当于中国的银保监会）授予一张银行牌照，所以现在这家公司下边有两个板块，一个是 Zopa P2P，一个是 Zopa 银行。

Zopa 把每个出资人的钱分成很多小份，贷给很多人，目的是分散风险。出资人的起点是 1 000 英镑。借款金额上限可以达到好几万英镑，借款用途包括买车、结婚、归还其他贷款。但是，它不要求场景，属于现金贷。出资人的回报率为年化 2.4% ～ 5.6%，每月付息，每个出资人的回报率都是不一样的，平台不负责。

放款利率一般都在 17%。借款的申请人必须提供过去 3 年的英国住宅证明。所有的审批均在网上进行。

Zopa 作为平台绝对不提供还款代偿，或者担保、兜底，它也不安排保险公司提供这项服务。我们看不到它在商业模式上与欧美其他 P2P 公司的区别。毕竟商业模式不是专利，只要你的商业模式有道理，别人很容易学习。

在过去 16 年里，这家公司一共通过股权融资 4.6 亿美元。2018 年的销售收入为 4 800 万英镑，毛利率高达 91%，但是净利润只有 100 万英镑，低于 2017 年的 150 万英镑。2013—2016 年 4 年间，每年都有 300 万～ 900 万英镑的亏损。Zopa 做了那么多股权融资，可是它的总资产只有 2 500 万英镑，我不知道为什么。早些年的业务量和亏损额并不是很大啊！

Zopa 跟本国的竞争者 Funding Circle 和美国的 LendingClub 不同，它坚持不做助贷。上文提到，2020 年初，LendingClub 收购了波士顿的一家网络银行，正在等待监管部门审批，而 Zopa 申请银行牌照的原因，我们认为可能是它强烈地感受到了 P2P 商业模式的高成本。

2.4% ～ 5.6% 的资金成本，17% 的放款利率，为什么这么巨大的利差才赚到这么一点点利润呢？显然，散户投资者的信心不足，回报率太低。可是，如果大幅提升这个回报率的话，又会推高 17% 的放款利率，伤害借款客户，加大风险。一句话，这个模式下，平台无法做大。

香港的互联网银行（虚拟银行）也面临着同样的命运。在银行如此之多，服务如此精细和优秀（而且不断改善）的城市，我们不知道互联网银行怎么生存。我本人也在互联网银行开了户，也像英国的消费者一样，出于好奇和学习的心理划转了几千港元到互联网银行，可是我们需要用它来完成什么交易吗？开户本身和学习一套新的操作流程都需要时间和努力。这本身就是障碍。而且，随着传统银行的不断改进，我们竟然无法找到一个使用互联网银行的理由了。

还是回到脱贫这个最重要的问题上。脱贫为什么最重要？因为如果从中长期来看，你的客户群体一直没有改善和进步的话，作为一个行业来说，你的价值创造就存疑了。如果这个行业没有价值创造，借贷双方的关系就只是互相伤害，而不是双赢。那么，这个行业就不是越大越好，就会通过经常性的爆雷来摧毁一部分产能，以保持一个合适的规模。

在脱贫方面，中国的政策优势远远超出世界上其他穷国，比如：

（1）在民营企业还很弱的时候，政府部门承担了建设大工业、交通和基础设施的风险。

（2）政府部门建设了储蓄和保险的系统。

这些活动同时也创造了大量稳定的就业。

但是，另外一些政策部分抵销了上述成就。比如：

（1）过去 20 多年，一直严格限制上市公司的数量，把上市融资当作国企脱贫的工具和选择性扶持企业、行业的工具。另外，长期鼓励老百姓参与股市，结果是股市长期高估、大幅波动，伤害了很多老百姓，特别是低收入群体。

（2）对财富管理行业（包括 P2P）长期放任自流，不少低收入群体在完全不懂的情况下，迷恋此类投资，亏损严重，受欺诈所累。另有很多低收入人群沉醉于网络借贷，付出了惨痛的代价。

第八章

周琼点评：中国金融供给过剩吗？*

* 本文作者周琼为银行从业者。

中国的金融供给是否充足、金融深化是否过度，小微企业“融资难、融资贵”问题如何解决，消费金融是“蓝海”还是“红海”，债务风险有多高，都是存在争议的问题。2020 年 6 月 26 日张化桥题为“不良资产的高大上时代”的演讲，对这些问题提出自己的看法，引发关注。笔者认为，这次演讲对警示某些领域信贷的过度增长带来的风险有积极意义，但也有些观点有失偏颇，可以商榷。

（一）相关理论和实证研究

讨论这些问题，需要基于金融发展对经济发展的影响，小微企业贷款、消费贷款有关的理论和实证研究。

1. 金融和经济之间的关系

金融发展和经济发展之间的关系较为复杂。早期一些经济学家认为金融发展是经济发展的副产品，如 Joan Robinson（1952）认为“企业引领，金融跟随”(where enterprise leads，finance follows)。在那个时代的确如此，但当今的世界日益金融化，受金融力量的驱动。Bagehot（1873）和 Schumpeter（1911）认为运转良好的金融体系在推动经济增长方面发挥着重要作用。

戈德史密斯（1969）的研究表明，金融体系规模和长期经济增长之间存在正相关关系。20 世纪 90 年代至今，有更多关于金融发展和经济增长之间关系的研究。例如 De Gregorio 和 Guidotti（1995）研究发现高收入国家的金融深化和产出增长之间在 20 世纪 60 年代是正相关，70 年代之后出现负相关，它们可能已达到金融深化不再能对提高投资效率有贡献的阶段。Kaminsky 和 Reinhart

（1999）研究了金融自由化、信贷快速增长、外资流入、本币高估后带来的银行危机和货币危机。Rousseau 和 Wachtel（2002）发现在通货膨胀达到两位数的国家，金融对经济增长无效。Rajan（2005）研究了金融发展带来风险，认为庞大而复杂的金融体系可能带来“灾难性熔断”的后果。Tobin（1984）认为金融部门对社会产生的回报低于它自身获得的回报，在人才分配上也使得过多有才智的人员进入金融行业而不是实体经济。

Loayza 和 Rancière（2006）等梳理了金融深化有助于经济增长和信贷增长过快通常是金融危机的先导指标这两方面的研究文献，并通过实证研究发现，长期来看金融发展和经济增长是正相关，短期也可能负相关。因为金融发展带来市场和服务的深化，有利于储蓄流向生产性投资，风险也更加分散，但这个过程并非一帆风顺，也会造成金融脆弱性，表现为系统性的银行危机、繁荣与萧条的交替、金融的不稳定。

Rancière、Tornell 和 Westermann（2008）以 1960—2000 年间 83 个国家的数据表明，经历过金融危机的国家平均而言比金融更稳定的国家有更高的经济增速（以人均 GDP 衡量），即金融自由化、金融深化会导致较大的金融波动，甚至引发经济危机，但偶尔的金融危机虽会引起一段时间内经济增长率下降，平均来说长期增长率还是更高。在金融自由化过程中，国家明示或暗示承担系统性风险（以国家财政资金救助金融部门），有助于金融部门发放更多贷款，缓解经济中薄弱部门所面临的金融瓶颈。薄弱部门原来只能靠自有资金投资，现在有更多信贷资金，这样就带来更多的投资和经济增长。

2008 年金融危机后，更多的研究集中于一个国家的金融体系可能相对于实体经济来说过于庞大，产生负面的社会效应。这方面的论文较有影响力的一篇是 Arcand 等（2012）的 IMF 工作论文《金融化是否过度？》（“Too Much Finance ?”）。该文通过对 130 多个国家 1960—2010 年数据的实证研究，发现金融深化和经济增长之间呈现出倒 U 形的关系，中等水平的金融深化和经济增长正相关，金融深化水平太高之后，更多的金融投入产生更少的增长，大致的临界值是私营部门的债务超过 GDP 的 100%。按这一标准，全球 GDP 最大的七个国家中只有印度远不足 100%（2019 年末为 56.2%），德国接近（2019 年末为 114.3%），其他国家都远超。

从对中国和美国的直观感受也能印证上述研究。美国被公认为存在过度金融化的问题，但美国实体经济的创新活跃度处于全球价值链最顶端，过度金融化可能对此有贡献（各种创业创意都能相对容易地获得股权、债权融资，虽然有的毁灭财富，有的能成长起来）。而中国也是一个典型的依赖于银行信贷增长实现经济快速增长的国家，但非典型之处可能是国家通过各种措施避免了经济金融危机的发生。

2. 消费金融

消费信贷的理论基础，微观上主要是莫迪利安尼的生命周期理论，即消费取决于人们在整个生命周期内所获得的收入和财产。人们为了达到在整个生命周期内消费的最佳配置，实现一生消费效用最大化，会在收入较低的年轻时期将收入中的很大一部分用于消费，不足时需要借贷，到中年时期还掉年轻时的负债，还要把一部分收入储蓄起来用于养老。

消费信贷会不会使一个人变得更富呢？其实有会让人变得更富、更穷和不变三种可能，取决于贷款消费的回报率是否超出贷款成本。

在“消费”实际上是投资，贷款的回报率超过利息支出时，消费信贷有可能使一个人变得更富。最常见的就是贷款买房作为投资，房价上升，当然会变得更富。买其他能够保值增值的投资品同理。还有一种就是投资于自己，用于交学费，获得学历或学习某种技能，提高自身的素质。

消费信贷过度，以消费信贷来弥补有限的挣钱能力和无限的消费能力之间的鸿沟，超出还款能力，可能使一个人变得更穷甚至破产。金融机构、商家可能合谋导致了这个问题。美国研究者对信用卡中存在的问题做过较多研究。Mann（2005）认为发卡机构设计、营销产品和拟订的合同条款都存在故意利用典型消费者心理认知缺点的问题（如以较低的引入期利率和无年费吸引消费者，让他们忽视正常利率和违约条款），缺乏判断力的未成年人更容易被误导，早早陷于透支消费、负债的行为模式。Jekot（2005）指出，信用教育中，仅有财务知识的教育是不够的，更重要的是深刻的基本理财观 / 价值观的教育，有的欲望只能延期满足，有了这一理念，才能抗拒金融机构给予的种种诱惑（各种美妙的广告、礼品、折扣、提高信用额度）的影响。Manning（2000）在《信用卡国度》中指出，大学生信用卡使学生太容易就获得财务自由，在缺乏自制能力和互相攀比影响下，财务自由常常演变为财务枷锁。

除了这两种情况，在合理的消费信贷额度下，特别是贷款用于购买自用的房屋、汽车等耐用品，消费信贷主要是起到跨期平滑消费的作用，虽不增加收入，但提高了整个生命周期的效用。

消费信贷的作用，从宏观上看，主要是刺激了当期消费。投资、消费、出口是拉动经济增长的三驾马车。如果人们扩大消费，生产者就能够扩大生产，雇佣更多的劳动者，失业率降低，更多的人有消费能力，经济进入扩张的良性循环。经济向好，借款人的收入也能水涨船高。因此，国家通常会适当鼓励消费信贷，特别是在经济下行期，而在经济过热的时候，会通过提高利率、控制规模等方式抑制消费信贷。消费信贷发展过度，居民杠杆率过高，会引起债务危机，如韩国发生过信用卡危机，美国的次贷危机成因复杂，但向次级借款人发放的房款过度是重要原因。美国的居民杠杆率，从 1990 年末的 52.4%、2000 年末的 71.2%，升至 2008 年 3 月末的最高点 98.6%，金融危机后波动下降，2019 年末降至 75.4%。

3. 小微企业贷款

小微企业贷款是普惠金融的重要组成部分。其积极作用和存在的问题，也有很多研究，可参见周琼（2016）《真正商业可持续是普惠金融的理想状态》。

小微企业贷款并非世界各国都解决不了的难题。世界银行、经合组织、欧洲中央银行、美联储等发布的研究报告和调查报告表明，经合组织国家近年来在经济正常的情况下，大多数中小企业都能从银行和其他信贷机构获得足够的信贷。中小企业普遍存在资金缺口主要存在于发展中经济体。例如美国、德国、法国和日本，是经合组织中弥合中小企业融资缺口的佼佼者，采取了各具特色的政策措施，以金融机构市场化方式为主，辅以政府性担保等支持政策，较好解决了中小企业融资问题。在 2008 年金融危机、2020 年新冠肺炎疫情影响下，多个国家大中小企业普遍出现经营困难，政府也采取了多种纾困补贴措施。这是危机下的特例。

银行等金融机构，通过分析财务报表、收集软硬信息、建立模型、增加担保等方式确定对借款人的授信额度和合适的定价、缓释风险，这是金融机构的核心能力。小微企业最佳的信贷额度肯定不是零。无数小微企业借助银行信贷等方式融资扩大再生产，成长壮大。也有众多企业会在市场竞争中失败，特别是杠杆率过高会加大企业面对市场波动的脆弱性，但不能因此否定信贷的积极意义。

（二）中国的相关数据及国际比较

1. 宏观杠杆率

据 BIS 数据，2019 年末，我国宏观杠杆率为 258.7%（报告国平均水平是 243.2%），非金融企业部门杠杆率 149.3%，已是主要经济体中最高（报告国平均水平是 94.5%），居民杠杆率 55.2%（报告国平均水平是 61.6%），政府杠杆率 54.2%（报告国平均水平是 94.5%）。

仅从杠杆率数据上看，非金融企业部门需要去杠杆，居民和政府还有加杠杆空间。虽然需考虑地方政府隐性债务形成的实际负担，政府确实还有一定加杠杆空间。个人消费贷款、信用卡业务曾被视为金融业务蓝海。但居民杠杆率近年来提升过快，已高于新兴市场平均水平（43.1%），在 2019 年底首次超过了德国（54.5%）。考虑到中国的社会保障水平还较低，这样的居民杠杆率确实需要警觉。

2. 小微企业贷款和消费贷款

中美小微企业贷款数据对比：据银保监会和美国联邦存款保险公司数据，2019 年末美国银行业小微企业贷款（单户 100 万美元以下的工商企业贷款和单户 50 万美元以下的农业贷款）余额为 7 207 亿美元（约合人民币 5.1 万亿元），同期中国普惠型小微贷款（单户 1 000 万元以下）余额为 11.6 万亿元。美国银行业资产规模 17.8 万亿美元（约合人民币 125 万亿元）约为中国银行业（290 万亿元）的一半，即两国小微企业贷款占银行业资产比重基本接近。但中国 GDP 约为美国的 70%，小微企业贷款余额已超过美国的 2 倍。

和美国的对比至少表明，从总量上，中国小微企业贷款余额并不低。如果再继续要求小微企业贷款保持高速的增长，可能会超过适当的贷款规模；再要求小微企业贷款降低利率，可能难以覆盖信用风险，扭曲正常的市场利率结构。

中美消费信贷数据对比：据中国人民银行和美联储数据，2020年3月末，美国居民债务余额为14.30万亿美元（101万亿元人民币），中国为56.5万亿元人民币，美国约为中国的2倍。美国居民债务中，最大的是住房按揭贷款，余额为9.7万亿美元（68.6亿元人民币），我国个人住房贷款余额为31.2万亿元，美国约为中国的2倍。美国信用卡贷款余额为8 900亿美元（6.3万亿元人民币），我国银行卡（含信用卡和借贷合一卡）应偿信贷余额为7.3万亿元，我国信用卡透支余额已超过美国（但可能其中分期付款的比例低于美国）。

美国是一个高度依赖消费驱动的国家，只有加拿大、英国等少数国家居民杠杆率高于美国（这也是“盎格鲁－撒克逊模式”的特色之一）。虽然总量上中国的消费信贷还低于美国，但从信用卡等部分业务来看，中国甚至已经超过美国。中国的消费信贷，远非蓝海。金融机构需要放慢发展速度，更审慎地发展消费信贷。

（三）金融发展、杠杆高低需要合适的度

对金融发展、货币信贷的利弊，一直存在相反的看法。诺贝尔奖得主罗伯特·希勒在《金融与好的社会》中，虽然也认为金融业存在种种不足，需要“对金融体系进行扩大化、民主化和人性化的改造”，但在金融危机后金融业和从业者被指责、批判甚至被妖魔化的时代（“就算真正严于律己、品行端正的金融从业者也被民众视为卑劣的小人”），阐释了金融积极的力量，相信和期待“金融有充足的潜力为我们塑造一个更加公平、公正的世界”。拉娜·弗洛哈尔在《制造者与索取者——金融的崛起与美国实体经济的衰落》一书中，批判了美国的过度金融化，指出不光是金融业有时没干真

正支持实体经济、对社会有益的事，企业界也高度金融化了，经常像金融业一样行事。

前印度央行行长拉詹在《断层线》中写道：“信用作为通向机会的钥匙和通向你应得的消费的手段，或者是作为罪恶的债务和你抵押的永远不会拥有的未来——这两个相反的观点贯穿于美国的历史，前者往往流行于繁荣时期，相伴随的是贫富差距的扩大，后者则在经济萧条时期变为主流，此时清醒和令人压抑的悲观主义占主导。它们代表着我先前提到的重构这个问题的方法：我们是想要享受金融的创造性力量，还是认为金融过于危险以至于大多数人不应该接近而且我们应该将它限制起来？社会对于金融改革的态度取决于是否相信在给予相应的方法的条件下，个人和公司大体上能够做出理性的财务决定。”

前英国央行行长默文·金在《金融炼金术的终结》中指出，“货币和银行是人造的制度，是创新、繁荣和物质进步的重要来源，同时也是滋生贪婪、腐败和危机的温床。不论是好是坏，它们都必然对人类的福祉造成实质性影响”。

金融既可为善，也能为恶，运用得当，能促进社会进步，个人生活状况改善，企业发展壮大；在不恰当的运用下，也可能导致个人和企业的损失、破产，严重的导致经济金融危机，使社会经济发展出现倒退。

金融工具运用是否恰当，核心之一是杠杆适度与否。对个人、企业微观主体和宏观经济都是如此。宏微观既大多时候统一，也可能不统一，即个体效率的最优不等于整体的最优。出现“合成谬误”与“合成正确”。合成谬误，例如，一个企业看到某种商品短缺，通过借贷扩大生产，本来可以获得理想的回报。但如果很多企业同时看到一拥而上进入，可能造成过剩。合成正确，例如曼德维尔《蜜蜂的寓言》，从个人角度看奢侈消费不符合节俭美德，但从社会角度看消费刺激了经济增长。

金融活动是一种跨期交易安排，风险有隐蔽性、滞后性，在动态变化之中。例如在企业出现经营困难时对其延缓贷款偿还，有的企业可能度过困难期能恢复正常经营，有的企业则可能经营继续恶化，难以为继。

经济金融相互作用，实际情况非常复杂。一方面，杠杆率高通常是金融风险的总源头。一定时期市场上的优质项目数量是有限的，随着债权人不断扩大信贷规模，理论上，所投企业、项目的边际收益必然递减。如明斯基所分析的，从对冲性融资（收益能够完全覆盖本息），走向投机性融资（收益不能完全覆盖本息），最终到庞氏融资（收益完全不能覆盖本息）。另一方面，杠杆率多高会导致风险爆发，又受多方面因素影响。比如，日本的宏观杠杆率之高在全球首屈一指（2019 年末为 380.9%），但由于以政府债务为主且长期低利率，并没有爆发金融危机的迹象。

总体上看，中国借助信贷扩张，实现了“时空压缩式”经济发展，但也导致宏观杠杆水平较高，积聚了金融风险，因此中央将防范化解重大风险列为三大攻坚战之首，要求坚决打好防范化解包括金融风险在内的重大风险攻坚战。去杠杆是防范金融风险的重要措施。在 2020 年初新冠肺炎疫情给经济社会发展带来严重不利影响时，金融监管部门指导金融机构，通过增加信贷供给、对中小微企业贷款临时性延期还本付息等方式，“保市场主体”，有力支持了实体经济。随着疫情得到控制，经济恢复增长，监管部门开始考虑政策工具的适时退出。

对中国面临的金融风险，既不能掉以轻心，也不必过度悲观。中国的金融供给总量不缺，关键是“以金融体系结构调整优化为重点，优化融资结构和金融机构体系、市场体系、产品体系”。更根本的，是要落实中共中央、国务院《关于新时代加快完善社会主义市场经济体制的意见》，深化市场化改革，在经济体制关键性基础性重大改革上突破创新。中国经济需要逐步改变过于依赖信贷扩张的经济增长方式，促进更高质量、更有效率、更可持续的发展。

本章参考资料：

Arcand Jean-Louis，Enrico Berkes and Ugo Panizza. Too Much Finance?. IMF Working Paper/12/161.June 2012.（此文做了一个较好的文献梳理，“金融和经济之间的关系”一节中多数文献转引自此文。）

Ranciére，R.，Tornell，A.，and Westermann. Systemic Crises and Growth. Quarterly Journal of Economics 123（1），359–406，（2008）.

Robert D.Manning. Credit Card Nation：The Consequences of America's Addiction to Credit.Basic Books，December 2000.

Wayne Jekot. Over the Limit：The Case for Increased Regulation of Credit Cards for College Students，5 CONN. PUB. INT. L.J. 109，125（2005）.

周琼. 美国大学生信用卡的实践、争论与监管. 银行卡与受理市场，2007（3）.

周琼. 真正商业可持续是普惠金融的理想状态 // 普惠金融：中国金融发展的新阶段. 北京：人民出版社，2016.

周琼. 金融的善、恶与度. 金融时报，2018-06-15.

浦文昌. 美国德国法国日本是如何解决中小企业融资难问题的. 澎湃新闻，2019-04-21.

第九章

超前消费的信贷案例：澳大利亚

2020年4月，腾讯花3亿澳元收购了Afterpay公司5%的股份。为什么？我们来看看这个公司和其所在行业。Afterpay拒绝风控，但是4年来股价大涨了65倍，其业绩如表9-1所示。

表9-1　Afterpay业绩增长

项目	2019年下半年	2018年下半年	增长率
协助商家实现的销售额	48亿澳元	23亿澳元	109%
活跃客户数	730万	310万	134%
活跃商家数	43 200	23 200	86%
净交易毛利	1.02亿澳元	4 670万澳元	118%
坏账占商家销售额比例	1.00%	1.20%	

如果消费者已经负债累累，无力增加消费，你作为一个零售企业的总经理，怎么办？无非降价、赊账。可是，全面降价又会伤害利润，而且降价是无止境的，消费者总会期待下一轮的降价。于是，一个聪明的创业企业于2015年在澳大利亚诞生，它就是Afterpay，该公司可以帮你的顾客垫付货款，然后再从顾客那里分期收款，相当于帮你做赊账的保理，而且是无追索权的保理。你卖100元的货，先得96元。

2016年5月，它不到两岁就在悉尼交易所做了IPO，我当时写道：

今天，Afterpay（股票代码为ASX：AFY），澳大利亚的一家金融科技公司上市交易，IPO融资2 500万澳元（融资后的估值为1.65亿澳元）。第一天股价上涨25%，上涨后市值为2.1亿澳元。另外还有8%的员工期权。

该公司很年轻：2015年上半年成立，还亏钱。业务：Afterpay跟一些电商（或者传统零售企业）达成协议，允许消费者先买，再分期付钱给它。在消费者购物时，Afterpay立刻代为支付货款给电商（或者传统的零售企业），然后56天内从消费者那里收回货款（分四期收回，每两周一期），并且承担违约等风险。

电商（或者传统的零售企业）得到的好处：

（1）增加销售额和客流量。很多低收入的人（包括年轻人）不见得有现金，未必办了灵活的支付APP，未必有信用卡，或者不愿意提交这样那样的个人资料去走个人信贷程序，也许信贷额度已经用完了。

（2）不承担违约风险。

（3）立即收回96%的货款。相当于做了无追索权的保理。

表面上，消费者免息，不付费。Afterpay公司从零售商那里获得两项收入：固定收费（比如每单几毛钱澳元）+交易额一定比例的返点（货款的3%～6%）。商场越小，返点比例越高。从商场角度来看，本来可以卖100澳元的货品，只能收96澳元（虽然是立即收到），但是商场敢怒不敢言，就像中国的美团收取餐馆22%的返点一样。你敢不给吗？下次我把流量带给你的竞争对手。

如果消费者逾期不还钱，也有10澳元的惩罚金。如果还是不还钱，那就核销，“做公益”。去年下半年，Afterpay从零售商处得来的收入占公司总收入的80%。

为什么选择56天？因为Afterpay尚无贷款牌照（2017年

它有了这个牌照，可是又在2019年主动放弃，说用不上)。所以，如果账期太长，则不划算，关键是有较大风险。Afterpay需要资金快速周转。如果算56天赚4%的利息，公司的年化收益在30%以上。不过Afterpay的科技和营销费用不菲，所以迄今还亏损。

IPO融资将用来做这些事：

（1）增加零售商户数。

（2）让已有的零售商户增加内容。

（3）延长付款期限。

（4）国际业务(Afterpay后来把业务扩展到了英国、美国)。

公司的长项是创意和科技。它是澳大利亚这个行业最大的公司，因为是它发明了BNPL（Buy Now and Pay Later）行业，一个赊账购物行业。它的科技分为两个交易系统：the transaction integrity engine和the Afterpay operating platform。前者对消费者进行还款能力和信用评估，减少欺诈，减少错误的赊销。这个系统对消费者进行跟踪分析，并与零售商分享信息。后者是一个和商户链接的交易系统。这两个系统都由在澳大利亚单独上市的Touchcorp Limited公司开发和维护(收取服务费)。但是Afterpay拥有全部知识产权和数据，Touchcorp Limited占它上市后30%的股份。

在上市时，该公司没有负债。业务全靠股东资金：300万澳元。上市时，资金实力将增加到2 300万澳元。后来Afterpay有了借款，也增发了新股。当时，平均货单价为150澳元。

Afterpay在2017、2018和2019财政年度的销售收入分别为2 900万、1.42亿和2.64亿澳元。而2020财政年度会跃升到4.66

亿澳元（根据 UBS 分析师的预测），增长速度很快。相对应的，这 3 年的净亏损分别为 900 万、800 万和 4 100 万澳元，以及 2020 年预计的 6 500 万澳元。亏损越来越多，我们看不到它苦尽甘来的时候。而且，它去英国和美国，会遇到很不一样的竞争环境。

让我们吃惊的是，Afterpay 的股价表现非常强劲。2020 年 7 月中旬，该公司市值到了 178 亿澳元，股价 66.5 澳元比 1 澳元的 IPO 价格上涨了 65 倍。它的市值已经逼近 Capital One 的 40%。

Afterpay 的违约率目前还很好。它将单笔交易的信贷上限定为 1 500 澳元，单个人的总待收余款为 2 000 澳元（只有最好的客户才能获得这个待遇）。

政府担心穷人负债太多而无法自拔，要求 Afterpay 对新客户的还款能力进行审查、筛选。但是，Afterpay 拒绝做太多风险控制，因为它的客户大都没有任何信用记录，“而且，信用记录是一个往后看的历史指标，不是一个展望未来的指标”。

迄今为止，Afterpay 的违约损失在 1%，即使在新冠肺炎疫情期间也只是略高一些。公司声称，这是整个金融行业最低的违约损失率之一。公司强调自己为消费者提供了一个额外的选择，有利于削弱银行的垄断地位。

算不算信贷机构?

在新冠肺炎疫情期间，各国中央银行加大信贷、降低货币政策利率。经济衰落和股市大涨的同时，我们看看金融行业的两个变化。

（1）美国住房按揭贷款公司发大财。虽然中小企业的融资成本大幅上涨（由于风险溢价上升），但是住房按揭贷款的利率下降了。有按揭贷款的人们纷纷寻求再融资，即用更低利率的按揭贷款置换现有的贷款。这就让按揭贷款公司火爆了。比如上市公司PennyMac（pfsi US）和拟上市的Quicken Loans。它们发放按揭贷款，打包卖给投资者，继续当后续服务商（如收款、催收、客户服务中），腾出资金，继续放款。

（2）其他金融分支行业很火。这些火爆的子行业包括互联网保险、保险经纪、支付（在中国之外的支付）、财富管理（中国之外）。但是，所有以信贷和赚利差为生的金融机构都依然被冷落，原因是违约风险太高，全世界都浸泡在过度的信贷之中。上面的按揭贷款行业虽然也有很大的资本风险，但是它们的高增长率是少见的，而且资本市场对它们的乐观在很大程度上正好反映了大家认为这种低利率会长期存在于按揭贷款市场。

Afterpay 认为自己不是信贷机构，因此不受澳大利亚《国家信贷法》（The National Credit Code）的约束。最重要的一点是，由于不受此法约束，它跟商户的契约也就不受此法约束。它坚持不准商户把它收取的 4% 返点和少量的手续费转嫁给消费者，也就是强迫商户消化掉。Afterpay 担心的是，如果消费者承担这么高的费用，就可能转用别的支付方式（比如现金、信用卡）或者减少购物。问题是，消费者也不傻。在用了 Afterpay 之后，下次用现金购物时会不会要求商户直接减价 4%？或者减 3%？鉴于羊毛一般出在羊身上这样一个事实，购物者是否已经支付了隐蔽的代价？比如，商品本来可以更便宜一点？

这是一个十分微妙的问题。对于消费者来说，面前有两个选择：一是全价现在付款；二是全价但分期付款（无息、无费）。但是对商家来说，区别就大了！

Afterpay 本身并没有什么（天然的）客户流量。但是由于它提供了这样一个晚几个星期付款的方便（其实，分四次付款，我们认为也是一种麻烦），它就在穷人中创造了流量！可见，缺钱的人确实很多。

就是这样一个核心的判断，成就了一个大企业！它利用无穷无尽的商户（电商和地面商户）的饥渴逼着你把4%吞下去！你如果不吞，也行。足够多的其他商户愿意吞下去。过几天，你发现生意流量不够，你就主动请求来吞。谁创造的客户流量？谁也没有！还是那些人流。想想美团与餐馆的博弈。

每个人2 000澳元的上限，单笔1 500澳元上限，加上一个“先发优势”，仅此而已。在Afterpay之后，还有几个公司依样画葫芦，有的甚至已经上市了。但是Afterpay已经占尽了风头。另外一个上市公司Zip Co也有10亿美元市值。

这个小行业的问题是时间太短，它还没有经过一个经济周期的检验。违约率会不会大涨？另外，监管部门和信用卡公司如何应对，大家还不知道。Afterpay等公司会不会死于违约潮，或者因为竞争激烈而受重伤，或者长期无利可图，只是赚个吆喝？在业务规模（信贷量、销售收入和客户数）高速增长的现在，资本市场可以容忍它们的亏损。可是在进入美国、英国之后，它们的亏损肯定会被放大。最终连Capital One也得经过净利润、利润质量、利润增长速度的考验。

中国次贷企业的困难

在中国，上述模式能够成立吗？我们认为很困难。阿里巴巴的花呗算是一个，京东白条和乐信也算。可是花呗靠的是抓手：你在淘宝上的记录，而且更重要的是你的支付宝账户。而在这方面，京东略弱，乐信和成千上万个其他网络贷款平台一样，更弱，没有抓手。不过迄今为止，乐信是业内最成功的平台之一，显然有另外的原因（客户筛选、风险控制）。

多年来，央行一般不准未经央行和银监会颁发牌照的机构查询央行征信系统，也不准这些机构把信贷资料上传到央行征信系统。现在，央行征信系统在尝试对接一些未持牌的非银金融的信贷记录。这对欠款人是一个约束，但是在整体违约率铺天盖地的情况下，这项约束就显得有些苍白。

说到底，还是要坚持两条：（1）整体的信贷不能过度。永远不要进入“要钱没有，要命一条”的阶段。（2）要有抓手。抓手要跟共债情况下的总债务相匹配。如果总债务太多，任何抓手都会失效。

从本质上来说，中国所有的 P2P、助贷和大量的小贷公司、车抵贷、美容贷、教育培训贷，都与 Afterpay 无异，都是给信用条件比较弱和根本没有信用记录的人放贷。过去几年，大家都讲要信贷场景。其实场景没有意义，只有抓手才有意义，而抓手只有在负债总额比较小的时候才有意义。

第十章

欧美小微信贷和消费金融

◉ 美国家居用品信贷中介 Greensky Inc.（GSKY USA）

在中国，有医美、教育、培训、旅游等场景的信贷，在欧美也一样。Greensky Inc.（蓝天公司）是总部位于亚特兰大市的一家专业信贷中介。它通过一个 APP，让 10 多家银行（如 Regions Financial Corp，Fifth Third Bankcorp 和 SunTrust）给 1 万多个商家提供 POS 贷款。这些贷款给购物者，所以属于消费信贷。这些商家主要从事装修、家居、生活用品销售。它一般不用自己的钱放款，定位为金融科技公司。但是，它为伙伴银行提供担保。比如，2020 年第一季度，该公司的业绩公告就根据新的会计准则，为此提拨备金额 1 840 万美元的损失储备，这也间接证实了它以前一直为伙伴银行提供担保。

跟中国的情况一样，伙伴银行的逻辑其实也有道理：你说你们的大数据和人工智能技术很厉害，那你应担保我们银行的资金安全。如果不愿意担保，那就说明你害怕，缺乏自信。

Greensky 公司声称，2020 年 3 月底，30 天以上的违约率为 1.23%，略高于上年同期水平。

该公司于 2018 年 5 月上市，IPO 价格为 23 美元。但是，这也正是业绩最高点。2020 年 7 月中旬，其股价已经跌到 5 美元以下。我们认为根本的原因还是业务性质。它的工作只是通过银行为负债已经不少的消费者（次贷消费者）提供额外的贷款而已。否则，谁会借钱消费呢？财务比较宽裕的家庭会借钱消费而同时把余钱存在银行睡觉吗？

首先，这种信贷的利率是不低的。银行收消费者利息，而它收取商户交易费，现在约为交易额的6.6%。羊毛出在羊身上，所以消费者的负担是不轻的。你可以说商户把这个交易费吞下去了，但是，这不都是供求关系中的一环吗？

其次，不管利率多低，这种信贷都是有风险的，即使负利率也有风险。比如，另外一种消费信贷：美国的学生贷款，其利率在过去几十年一直在3%～6%，就是这么低的利率也导致了一个巨大的债务地雷。可见，只要在你支付能力之外，任何信贷（任何违反量入为出原则的事情）都是有风险的。

Greensky Inc.的年化利率为4.99%～23.99%，贷款期限为6、12、18或24个月，年化优惠利率为0～26.99%，单笔金额限制在65 000美元以下，对借款人的信用等级的最低要求近于无。开户费为39美元。该公司近期业绩见表10-1、表10-2。

表10-1　2015—2019年业绩　　单位：百万美元

项目	2015年	2016年	2017年	2018年	2019年
销售收入	173	264	326	415	530
毛利	137	185	236	254	281
运营利润	93	120	146	153	121
净利润	94	124	139	24	32

表10-2　2019、2020年第一季度业绩对比

项目	2020年1季度	2019年1季度	增长率
协助商家实现的销售额	13.72亿美元	12.42亿美元	10%
累计借款客户数	320万	240万	33%
活跃商家数	17 761	15 745	13%

美国在过去10年甚至20年经济扩张已经比较充分，消费信贷

比较普遍，普通家庭的负债率也比较高。在这种宏观环境下做消费信贷或者为消费信贷做中介，必然是有挑战的。这是我们最根本的结论。

在有些方面，Greensky 很像中国的助贷公司，在其他方面，它也很像澳大利亚的 Afterpay。但是，它的件均金额太大，所以违约的风险更大。而且，专注家居装修行业，会比百货和快速消费品更易受经济周期的影响。

Greensky Inc. 对于欠款不还的消费者并没有什么直接的惩罚，也无抵押品。考虑到装修贷款的单笔金额比较大，诉讼是可行的。拒不还款，还会影响消费者的信用评级。所以，在法律和信用评级方面的约束还是不小的。

专注中小企业信贷的 P2P：Funding Circle

该公司成立于 2010 年，资金来源是散户和机构投资者（含银行和政府机构）。P2P 企业的共同问题是，既然平台不提供资金安全的担保，为了鼓励散户投资者踊跃参与，平台就必须把每个投资者的钱拆散，贷给多个借款企业，这样又对贷款的企业数、期限和金额有些限制。大平台比较容易解决这个难题，但是小平台容易出现错配，或者资金等项目、项目等资金的情况，影响双边的体验和回报率。

该公司的主要业务板块在英国、美国、德国和荷兰。贷款期限均为 60 个月以下，资金上限分别为 100 万英镑、50 万美元和 25 万欧元，金额显然不小。

2018 年 9 月公司在伦敦交易所上市，融资 3 亿英镑，股价 440 便士。此后一直阴跌到 2020 年 7 月中的 69 便士。

P2P 投资者（特别是散户）经常需要资金，或者突然因为什么莫名其妙的原因害怕了，希望退出。于是，世界各地 P2P 平台的惯常做法是协助债转。但是，平台并不保证债转成功，也不保证债转的价格。新冠肺炎疫情期间，Funding Circle 担心太多人提出债转而导致债务价格大跌，宣布停止债转。这是一个很愚蠢的举动。大家需要流动性，你偏偏为了一个面子问题而堵住债转，让问题堆积起来。

Funding Circle 的利率在中小企业融资中算是比较低的：年化 12%，外加一次性的初始费用 3.5% ～ 7%。而 P2P 出资人的回报率大约为 5% ～ 7.8%。在风平浪静的时候，这个回报还算不错，可是当经济波动时（比如疫情），市场利率大涨，P2P 的违约率反而上升，这个 5% ～ 7.8% 的回报率就显得太低了，而且就是这么低的回报率也难以保证。所以，大量的 P2P 出资人提出债转要求是很自然的。

2018—2019 年，该公司的当年放贷数（发生额）分别为 23 亿和 24 亿英镑。这两年年底，其待收余款分别为 31 亿和 37 亿英镑。

该公司越来越依靠机构资金。单笔放款的金额有下降的趋势。2019 年，典型的借款企业有 10 年历史，7 个员工，件均贷款金额为 8 万英镑，分 48 个月归还，企业的年收入为 100 万英镑。该公司业绩情况如表 10–3 所示。

表 10–3　Funding Circle 业绩　　单位：百万英镑

项目	2018 年	2019 年
销售收入	142	167
调整后税息折旧及摊销前利润	–23	–28
净利润	–50	–85
自由现金流	–41	–49
总资产	450	996

Funding Circle 收取两种费用：一是交易收入费（占 2019 年总收入 1.67 亿英镑的 72%），约等于信贷额的 5% 上下；二是服务费，相当于管理的待收余额的 0.9%。公司未来的策略是减少（甚至取消）管理费。在 2018、2019 年，该公司人力成本分别高达 8 000 万和 9 000 万英镑，营销资费也高达 5 780 万英镑和 6 650 万英镑。对于一个小型信贷中心，如此高的费用率如何才能跟银行竞争？！

金融科技的美誉是挑战者，可是因为业务量小，费用率就必然高。越是高风险的业务、中小企业的融资业务，尽职调查的费用率越高，虽然 Funding Circle 宣称，客户可以在 10 分钟内完成贷款申请，48 小时内被告知申请成功与否。

虽然公司不担保出资人的资金安全，但是 2019 年它回购了 3 430 万英镑的坏账。有时，为了维护与出资人的关系，你只好这样做。合同是一回事，关系是另一回事。

Funding Circle 对于欠款不还的消费者并没有什么直接的惩罚，也无抵押品。考虑到单笔贷款的金额比较大，诉讼是可行的。拒不还款，还会影响消费者 / 小企业主的信用评级。所以，在法律和信用评级方面的约束还是不小的。相比之下，中国的放款机构即使想诉讼，法院一般也不太愿意立案，而且判决以后的执行也很难。

美国中型企业信贷机构：BDC

美国的企业次贷（准次贷，或者说“准优质”）专门贷款给中型企业，又叫特种金融机构（specialty finance）。

这种封闭式基金叫 BDC（business development company），运作很灵活，颇像中国的小贷公司。它们可以找银行借钱，也可以发债，但是不能吸储。其中50多家是上市公司。多数企业的市值在3亿～20亿美元。一般来说它们的借款客户都是CCC、B和BB级企业。BDC企业每年几乎把所有的现金流都用来派息，享受税收优惠。

这个行业很大，增长很快，放贷余额已从2006年的1 250亿美元上涨到了2019年9月份的7 400亿美元。原因是市场利率走低，投资者追逐收益。新冠肺炎疫情以来，它们的股价下跌比较多，其中几家在2020年6月配售新股，以便过冬，包括Bain Capital Specialty Finance、Golub Capital BDC。

这个行业现有几百个成员，有些是独立机构，有些是银行子公司（比和Wells Fargo BDC）。它们的贷款对象一般是企业价值为5 000万～5亿美元的中型企业。在风平浪静的时候，利率一般为10%～12%。

我们认为，中国企业的债券利率、信贷利率太低。这是一系列问题的源头。利率低给人们一个幻觉，还款很容易，于是人们借得太多。而事实上，即使低息、无息和负息也是一种沉重的负担。

BDC的贷款主要通过线下进行。对于欠款不还的消费者也许有惩罚，因为可能有抵押品。考虑到单笔贷款的金额比较大，诉讼是可行的。拒不还款，还会影响小企业主的信用评级。

美国Social Finance Inc.（Sofi）

Sofi是一家P2P公司，成立于2011年，宗旨是为学生（当然还包括其他成年人）提供利率较低的学生贷款。2015年，它扩展到了按揭贷款、投资理财等领域。

它的成功之处是，以让美国人十分头痛的学生贷款为切入口。它宣称可以从散户手中募资，以置换你的学生贷款欠款，或者你可以直接找它借学生贷款。

《福布斯》杂志预计，美国的学生贷款余额现为 1.6 万亿美元，4 500 万美国人欠学生贷款，均值 33 000 美元。这项债务之巨，仅次于住房按揭，高于汽车贷款和信用卡透支。

你不得不感慨，利率 3% ～ 6% 的学生贷款就可以成为这样一个巨大负担。所以，这句话反复讲也不过分：低价低利率容易迷惑人心。

该公司未上市，所以，我们只知道它 2017—2018 年已经盈利。但是，上市之后，我们才能看出它是骡子是马。同行业的诸多公司都是上市之后一直走下坡路，根本的原因还是一样的：你在喂养一只贪得无厌的信贷猛虎，它迟早会咬到你。

Sofi 的口号不错：鼓励出资人和借钱人互助，谨慎消费。它还声称自己会挑选信用评分比较高的借款人。但是，这是徒劳的，因为它所面对的只是在消费人群的金字塔中爬上一格还是爬下一格的问题。生意需要不断地增长，慢慢地、逐渐地、悄然地，你就走到了大面积违约的泥潭。难道你以为银行家们没有能力区分优质客户和次贷客户吗？

Sofi 对于欠款不还的消费者并没有什么直接的惩罚。除了按揭贷款之外，其他信贷一般都无抵押品。单笔贷款的金额有小有大（比如按揭贷款），但是诉讼是可行的。拒不还款，还会影响消费者的信用评级。所以，在法律和信用评级方面的约束还是不小的。

美国消费信贷公司 Affirm

你想不想知道什么叫“刺激消费”？我们可以看一下一个消费信贷的网站，Affirm.com。这个公司很出名。你一打开它的网站，就能看到一句挑逗人心的大白话：Say yes to gearing up。什么意思？对加杠杆说 Yes！

它的口号每一秒钟变一下，越来越让人心跳：对时装说 Yes，对街上的回头率说 Yes，对旅游说 Yes，对厨房翻新说 Yes，对美丽的生活说 Yes……

Affirm 成立于 2012 年，至今为止还未上市，已经融资 10 亿美元。

其实这类公司与中国的消费金融公司一样，在一个十分饱和的信贷市场加杠杆，结局只有一种：生产大量的不良资产，而烧掉过剩的信贷资源。

表 10-4 是中国最优秀的消费金融公司之一捷信消费金融的主要数据。虽然 2020 年第一季度受到了新冠肺炎疫情的影响，但是我们知道，即使没有这次疫情，它和一众竞争者的业绩也已经在走下坡路，这也是它于 2019 年在香港 IPO 失败的原因。

表 10-4　捷信消费金融 2017—2020 年主要数据　　单位：亿元

项目	2017 年	2018 年	2019 年	2020 年第一季度
总资产	879	991	1 045	1 019
销售收入	133	182	173	42
净利润	10	14	11.4	0.3

另外已经在海内外上市的十几个同行业的小微金融和消费贷款公司，近期股价大跌 70% ～ 90%，有些甚至濒临破产，

过去十年来，二十几家银行（包括工、农、中、建、交）的股价在净资产（股东权益）之下一半，要在香港上市只能自己找投资者，并且以额外的贷款和担保回报率做交换。

Affirm 对于欠款不还的消费者并没有什么直接的惩罚。它的信贷一般都无抵押品。法律诉讼？虽然单笔贷款的金额一般比较小，

但诉讼还是可行的。拒不还款，还会影响消费者的信用评级。所以，在法律和信用评级方面的约束还是不小的。

◉ 美国小微企业融资公司 On Deck

On Deck 公司成立于 2006 年，信贷业务分布在美、加、澳三国，主要靠线上审批，号称 10 分钟做放款决定，一天之后就放款，而且无须抵押。单笔贷款可以在 5 000 ～ 50 万美元，还款期一般是 12 个月，也可以长达 36 个月甚至 60 个月。2014 年底在纽约交易所上市，融资 2.3 亿美元。

在美国，摩根大通银行与它合作提供资金。在澳洲，会计软件公司 MYOB 与它合作。市场对它的批评是利率太高。例如，2015 年，美国的企业杂志 *Inc.* 说它的年化利率高达 51%。On Deck 在年报上说，其信贷利率在 17.9% ～ 47.3% APR。2014 年，彭博新闻社批评它是“企业界的 payday loan”，还说它使用了一些不正经的贷款中介。

在获客方面，它的引流方主要是 Intuit，QuickBooks，Credit Karma，Prosper 等。它的获客中，38% 靠自己营销，34% 来自上述科技公司导流，28% 靠贷款中介。

从 2007 年至 2019 年 6 月，该公司坏账的核销比例一般在 4.4% ～ 9%，大多数在 6.5% ～ 7%。2019 年第三季度以来，核销比例反而下降很快。公司说，这是因为新的还款方式（不还本金，只还利息）。

创业以来 14 年，该公司虽然一直都有银行和资本市场的支持，但是它的 IPO 价格 20 美元已经跌掉了 95% 以上。原因有二：

（1）它一直在亏损和微利之前徘徊（见表 10-5），而且此类企业的利润取决于如何提取坏账准备金。

（2）资本市场也明白了，这是一个被过度信贷所浸泡的市场，前途堪忧。On Deck 与 Greensky Inc. 和 LendingClub 无异，也与大量的中国信贷企业同病相怜。

表 10-5　On Deck 2015—2019 年业绩　　单位：百万美元

项目	2015 年	2016 年	2017 年	2018 年	2019 年
待收余额	553	1 001	953	1 169	1 265
销售收入	255	291	350	398	444
净利润	-1	-83	-12	27	28

On Deck 对于欠款不还的消费者也许有惩罚，因为可能有抵押品。考虑到单笔贷款的金融比较大，诉讼是可行的。拒不还款，还会影响消费者的信用评级。所以，在法律和信用评级方面的约束还是不小的。

英国的担保贷款、朋友贷 Amigo Holdings PLC

在英国，如果你的信用记录不好，或者根本没有信用记录，那你可以让 21 岁以上的、有房子的亲友做担保，找银行或者非银行金融机构借一种无抵押的担保贷款 guarantor loan，又叫 buddy loan。期限一般为 1 ～ 7 年，年化利率高达 50% ～ 100%，每周或者每月分期还款。借款用途包括教育、装修、结婚、旅游等，一般金额在 1 000 ～ 10 000 英镑。政府部门要求借款的前两周为冷却期，借款人可以变卦，把钱退回去。

英国这一行业专业运营商很多，比如 2018 年在伦敦交易所上市的 Amigo Loans。虽然业绩相当不错（见表 10-6，2019 年的后三季度有些下降，但是依然十分强劲），但其股价从 2018 年 6 月上市时的 270 便士跌到了 2020 年 7 月中旬的 10 便士，跌了 97%。

表 10-6　Amigo Loans 2018—2019 年业绩

项目	2018 年 3 月止的财年	2019 年 3 月止的财年	2019 年后三季度
待收余额	6.82 亿英镑	7.53 亿英镑	7.22 亿英镑
销售收入	2.11 亿英镑	2.71 亿英镑	2.32 亿英镑
净利润	5 100 万英镑	8 900 万英镑	4 600 万英镑
净资产		2.45 亿英镑	2.54 亿英镑
客户数			23 万

虽然其股价大跌有董事会与管理层内斗的原因，但是市场对行业的担忧也是一个原因。最重要的是，英国的准政府机构，专门处理欠款人投诉的金融调解委员会（Financial Ombudsman Service）在 94% 的投诉案件中，支持了投诉者。现在它还在调查 Amigo 在放款之前是否真的对欠款人做了足够的了解。2019 年 5 月，金融调解委员会表示，该放款机构未做尽调，必须退还所有的利息，并且注销一个投诉者三笔贷款的信用记录。

英国只有 6 500 万人，成人大约 4 900 万，其中 700 多万人不够资格从银行借钱，他们就是担保贷款的人群。次贷行业腥风血雨，但是它的业绩很好，根本原因是法制的支持，担保就是担保，坏账率不会太离谱。

Amigio Holdings 对于欠款不还的消费者有惩罚，虽然无抵押。考虑到单笔贷款的金额比较大，诉讼是可行的。拒不还款，还会影响消费者的信用评级。所以，在法律和信用评级方面的约束还是不小的。

LengingClub 为什么不赚钱？

你不要花时间去看复杂的分析文章，更不要看该公司打了各种补丁的财务报表（这项调整、那个特殊项目）。我们研究了它多年来的财务报表，试图回答一个最简单的问题：创业以来 13 年，这家公司十分受欢迎，管理层和董事会牛人云集，上市之前和 IPO 融资不少，为什么一直亏损？股价为什么跌 90% 左右？

我们认为根本的问题是：在一个信贷过剩的市场，银行的资金成本接近于零，而 LendingClub 付给伙伴银行和 P2P 出资人的资金成本高于 4%。加上它的规模只能算是一个小银行，因此单位成本较高（加上上市公司的维护费）。它被迫把昂贵的资金贷给次贷客户。可是，这又带来了另外的问题：坏账太多。在疫情期间，为了减少违约，它主动提出让所有的借钱人延期付款（两期），利息照计。即所谓 skip-a-pay。但是，它正在故意提高借钱的门槛：把借款人的最低信用评级要求向上拉。2019 年借款人的平均 FICO（个人消费信用评估）分数是 708，而 2020 年 4 月则是 723。

LendingClub 滑到了一个高不成低不就的处境。它的贷款利率是 6% ～ 36%，一般在 15% 左右。如果它的利率水平高达 50% 甚至 100%（像英国的 Amigo Loans 一样），那么坏账也就无所谓。可是现在这么小的利差空间，加上运营费用和坏账，它实在无法赚钱。如果要突然摇身一变成为 Amigo Loans 那样的高利贷公司，它又放不下身段。毕竟 LendingClub 是在万众欢呼的背景下，以高科技的姿态出世的，让世界变得更美好是它的初心。此外，它也需要担心，提高利率会影响业务规模的增长速度。如果增长速度太慢，也就不算什么新派的科技企业了。

LendingClub 的抓手与 Greensky Inc.，Sofi 和 On Deck 完全一样。LendingClub 的平均单笔金额为 16 000 美元，是比较高的。不过，如果借款人确实很困难，甚至宣布破产，放贷机构也只能自认倒霉。

墨西哥的小微金融太贵了

世界小微金融行业有三面红旗。一是孟加拉国的格莱珉银行（未上市，但是国家控股）；二是印度的 SKS（已经上市，更名为 Bharat Financial Inclusion，已与一家银行合并）；三是墨西哥的 Compartmentos Bank（已经成为小贷银行），更名为 Gentera。

墨西哥的小微信贷公司 Compartmentos 成立于 1990 年，受到了美洲发展银行 IDB 和著名的小贷基金公司 Accion International 资助。2006 年转成银行，2007 年 IPO。2011 年业务拓展到秘鲁和危地马拉。

墨西哥有接近 200 万平方公里的面积和 1.3 亿人口。人均 GDP 与中国接近，略高于 1 万美元，贫富差距明显。在 1970—1990 年代，该国通胀率曾经很高（比当年中国更高），但是这 20 年的通胀率一直在 3% ～ 5%，跟中国相似。但是墨西哥扣除通胀之后的真实 GDP 增长率平均在 2.3% 上下，所以广义的货币供应量增长速度比较慢，可以理解：M2 和 M3 过去 19 年的复合增长率分别为 9% 和 9.3%。同期中国的复合增长率为 14.24%。

2003 年底，1 美元兑 11.20 墨西哥比索，现在是 22.31 比索。而同期，人民币从 8.27 兑 1 美元升至现在 7.0 以内。

Gentera 的平均单笔贷款金额折合 300 ～ 650 美元，83% 的客户留存率，女性客户一直占 89% 左右，违约率 3% 左右。

客户借钱的目的主要是经营小微企业（80% 是小商店，15% 属于服务业），同时 Gentera 也提供储蓄和保险服务。该公司共有 22 000 名员工，男女各半。

Gentera 虽然扩展到了周边的两个小国家，但是增长速度明显放慢了。它的股价从 2007 年的 IPO 价格 24 比索，在 2015 年达到了 37 比索，之后一直跌到 9 比索。这也反映了人们对小微信贷市场饱和、企业和消费者负债累累的担忧。

墨西哥在全球范围内有一个鲜明的特点：它的普惠金融和小贷

利率非常高，年化 70% ～ 100%。而且，这还不包括隐性的成本，比如，借款人一般必须把 10% 的款项存在信贷机构，这不是砍头息，但是效果差不多，变相地提高了贷款利率，有点像担保还款。

如果 1960—1990 年代的特高利息是通膨率在作祟的话，那么近 20 年来的高利率如何解释呢？在一个资金供求完全由市场调节，基本上没有资本流动管制的大国，这种现象长期得以持续，让分析师们诧异。普惠金融基金公司 Triple Jump 在 2017 年 5 月公开了一份详尽的报告，分析了上述问题的成因。根据该报告我们得出表 10-7 中的数据。

表 10-7　Compartmentos 业绩与行业对比（%）

项目	Compartmentos	行业平均
年化利率	70	74.7
运营成本率	40.8	42.9
资金成本率	2.7	4.7
坏账率	8.3	8.2
利润率	13.5	10.5

上表显示，70% 以上的信贷利率主要是被高昂的运营成本所消耗。而运营成本的大头 70% 左右是人力成本，做线下的小贷当然是人海战术。网络贷款虽然可以减少人力成本，但是获客成本又会相应地增加。况且，违约率可能也会上升。

除此以外，微贷行业的 CEO 工作小组 The Microfinance CEO Working Group（MCWG）用征信系统的数据进行分析，发现小贷机构 FINCA Mexico 的贷款申请人中 74% 有共债问题，而且共债人群中 44% 已经有拖欠和违约。

小贷利率维持 70% 的同时，银行信用卡和按揭贷款的年化利率大都在 10% ～ 17% 的区间。在利率上，长期以来这么大的差距，会不会固化贫穷甚至制造贫穷呢？

其实，中国小贷企业的运营成本没有理由比墨西哥低很多。我们的资金成本似乎高一些，比如，年化 10% 左右，但是我们的放贷利率比墨西哥低很多，一部分是通过牺牲利润率来解决的。

今天的墨西哥跟中国有很多相似之处。可这只是因为它过去 30 年的 GDP 增长率太低，平均只有 2.3% 左右。为什么表现这么差？除了其他原因之外，利率太高是不是一个原因？可是为什么利率太高？众多的小型金融机构（比如普惠金融、小贷等）会不会消耗了太多运营成本？而这些高成本又需要转嫁到小微企业，这就导致了小微企业融资成本太高（70% 以上）。1998 年，墨西哥把银行业务向外资开放。2017 年，全国 48 个银行中，19 个是外资，而外资银行资产占全国银行业总资产的 65%。

墨西哥银行的数据显示，银行的贷款利率一般在 10% ～ 17%，可是每个国家对利率的定义不同，不可直接比较。而且最大的小贷公司 Gentera 也是一个银行，可是它的放款利率却在年化 70% 以上。我们希望计算墨西哥全国整个信贷余额的加权平均利率，可是没有找到相关数据。

为什么墨西哥的总体利率水平比中国高？我们的推测是：由于政府过度依赖自由市场，并未在基础设施方面做足够的投资，因此就业增长缓慢，劳动力长期外流（去美国），出口商品竞争力弱，国际收支的经常项目长期赤字（事实），货币贬值的压力比中国大。为避免汇率贬值更多（从 2003 年以来，墨西哥比索对美元已经贬值一半），央行必须维持较高的货币政策利率，这也意味着其他利率相应地更高。我们的推测部分源于 2009 年的这本书：*Development and Growth in the Mexican Economy*（Juan Carlos Moreno and Jaime Ros）。

中国近30年的信贷利率大都在10%以下。如果考虑到通胀（特别是考虑到房地产价格的上涨），贷款利率很低，甚至基本上都是负数。这对借钱的人和企业来说是一种隐形的、巨大的补贴。这种补贴加上对信贷违约的处罚太轻，奖励了借钱的人和企业。国有银行制度虽然人浮于事，但是它们的安全性深入人心，也降低了一些费用。而且它们与小贷公司相比，更具规模经济，这也使得它们能够用较低的利率放款，却仍然有利可图。

所以，国家繁荣既不能依靠小微企业，也不能依靠小微金融机构。

这是我们的一个推测，准确地说是一个问题。我们还没有能力做理论论证和实证研究。

总而言之，以LendingClub为代表的金融科技给传统银行带来了压力，而银行只是做了些微小的改进，就把挑战者找到的痛点抹掉了。挑战者为社会做了贡献，但是自己成了牺牲品。

第十一章

Capital One：昔日消金界“黄埔军校”今安好?

Capital One（美国第一资本投资国际集团）前身是 Signet 在 1988 年成立的信用卡部门，随后在 1994 年剥离，成为如今多元化的金融服务公司。

Capital One 如今是美国排名前十的银行，同时也是美国排名前三的信用卡发卡商和排名前五的汽车金融服务商。毋庸置疑，Capital One 是全球消费金融和信用卡的龙头企业，正是基于这样的业务优势，Capital one 的商业模式和风控策略也成为众多创业者争相学习的典范。

但是近几年 Capital One 的发展开始趋缓，业务增长乏力，尤其是 2019 年，股价波动频繁，市场上开始出现唱衰 Capital One 的声音。受宏观环境影响，经济下行一定程度上会放大次贷用户的风险情况，同时影响本就倾向于提前消费的用户支出。但这对数字化程度高的企业并不会造成太大威胁，前期积累的先发优势仍是有利的护城河。因此虽然 Capital One 仍以贷款作为主营业务，但是长期来看，其收入仍然处于上升趋势，不良贷款率及核销率均在下降。

Capital One 为什么慢了下来？企业内部的业务结构是主要影响因素。因为 Capital One 仍然是以信贷业务为主的消费金融公司，业务转型相对缓慢。消费金融业务的市场体量依赖于消费者的潜在消费能力，加之美国消费金融已经得到了长足的发展，因此不管是行业还是企业，都将面临可预见的天花板。

虽然 Capital One 的风控策略受到业内广泛追捧，在公司发展过程中，也积攒了雄厚的科技能力，但如今 Capital One 的技术输出仅限于业务合作伙伴，未来是否可以实现商业变现，成为业务增长的新动能，却又是另一个命题。

那么如何定位 Capital One？这就要从 Capital One 的业务发展历程开始说起。

（一）美国消费金融发展背景

20 世纪 90 年代后，美国消费金融得到了长足的发展并开始趋于饱和，宽松的金融环境促进了市场参与主体的多元化进程，而技术创新能力成为新兴企业能否占领市场的关键。

美国消费金融的蓬勃发展，离不开其成熟的征信体系。纵观全球征信业发展，最早的征信机构始于美国，经过 180 多年的演进，美国征信机构已经发展出比较完善的商业体系，其全面化、多样化和共享程度高的特点为消费金融业务的开展建立了良好基础。

除此之外，健全完善的法规和政策也是助力美国消费金融快速发展的原因之一。例如在中国备受诟病的贷后催收，在美国有针对性的法律进行规范，《公平债务催收作业法》规定催收机构不可使用暴力催收手段，只能向债务人发送书面通知。由于市场整体发展与法律法规的不断完善迅速渐进，在规范市场的同时也是助力消费金融公司健康发展，推动金融市场长期稳定建设的重要推手。

不同于中国由银行主导消费金融的供给体系，美国消费金融的供给主体在当时就体现出多元化的特点，表现为商业银行、金融公司、信用社等共同发展。多元化的供给主体可以满足消费者各类消费需求，同时也促进了消费金融供给侧的竞争，推动消费金融公司的进一步创新。

Capital One 的成功之路就始于信用卡业务的创新。

（二）业务组成

Capital One 主要是为消费者、小企业和商业客户提供广泛的金融产品和服务，并将其拆分为信用卡业务、个人银行业务、汽车金融和商业银行业务（见图 11-1）。

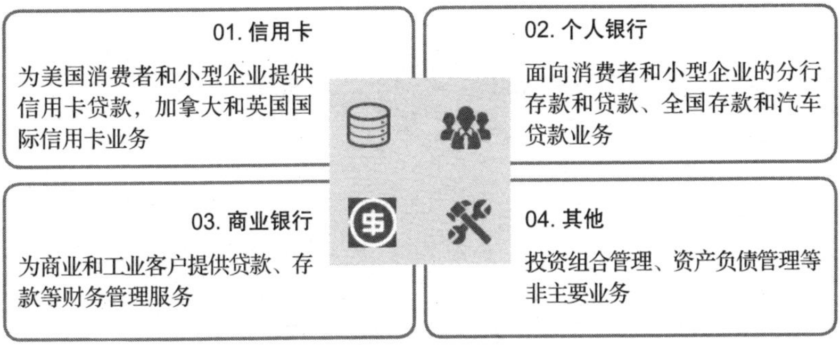

图 11-1　Capital One 业务组成

由信用卡业务开始，Capital One 的业务板块经历了不断调整，以适应公司的发展战略和发展方向。Capital One 经历了三个发展阶段逐渐形成了如今的业务板块：

1998—2004 年，通过收购汽车金融企业将业务范围拓展至汽车金融，随后通过收购和成立子公司的形式不断巩固汽车金融业务；

2005—2007 年，通过并购商业银行拓展零售银行业务，并迅速扩大资产规模，优化资产负债结构，向综合性商业银行转型。

2011—2014 年，从金融危机中快速复苏，并收购整合三家银行的消费金融业务，调整公司业务机构，向以信用卡为主营业务回归，各业务收入相对比例保持稳定发展。

按照业务板块划分（见图 11-2），十年间信用卡一直是公司主要收入板块，占比超过 60%。公司整体收入增长率一直相对平稳，2012 年出现大幅度的净收入增加，是由于 2011—2012 年间收购整合了三家银行的消费金融业务，分别为 Hudson's Bay、ING 和 HSBC，因此 2012 年投资性贷款和净收入实现了高速增长。但是之后，Capital One 的收入增速持续走低，仅在 2016 年出现过短暂回升。

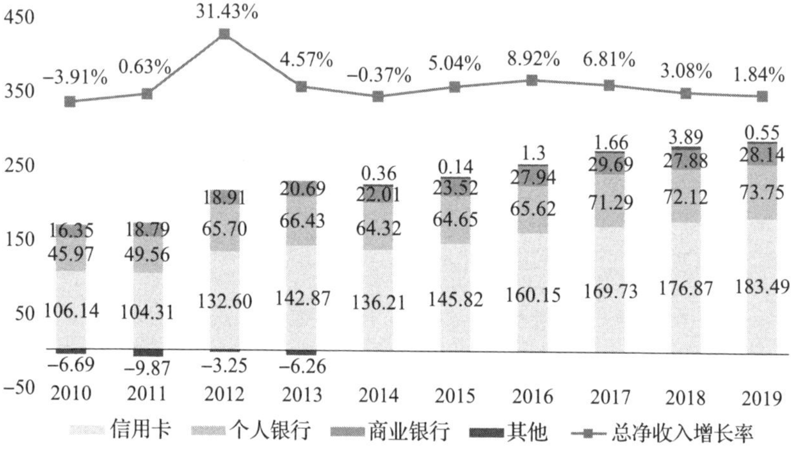

图 11-2　2010—2019 年 Capital One 业务净收入结构（亿美元）

Capital One 营收增长疲软，很大程度上与美国的金融环境和消费金融发展历程有关系：

2010 年，受 2008 年国际金融危机影响，全球经济受到重创，此时企业经营状况受经济环境影响较大，资产收益率跌为负值，因此关闭了抵押贷款业务。

2011—2014 年，美国经济进入复苏轨道，随着“去杠杆化”结束，美国经济开始实现稳定增长，企业经营情况开始改善。

2017—2019 年，美国贷款增长稳定，但经济增长出现转折，增速开始下降，企业 2019 年收入增速仅为 1.84%，业务扩张放缓。

通过对比美国消费金融的宏观发展背景和 Capital One 业务的

发展阶段，可以发现虽然宏观背景的负面影响会使企业经营出现较大波动，但是更明显的是基于宏观背景及政策变动时，Capital One 对业务调整的快速反应能力，选择及时地关闭某些业务或者收购业务，这也是 Capital One 能够在众多消费金融企业中迅速占据领先地位的核心能力。

（三）破局优势

不难发现，Capital One 的出现恰逢美国消费金融行业发展的成熟时期。由于征信体系已经发展相对完善，风控监管系统也相对健全，创新型消费金融产品和服务开始蓬勃发展，例如早期出现的固定期限利率抵押的分期贷款、发薪日贷款等。占据主导地位的商业银行的信用卡产品同质化普遍，利率市场化严重，近乎所有银行的收费模式都是 20 美元年费和 19.8% 的年化利率。

信用卡的目标客户根据其信用情况可以大致分为三类：（1）稳定现金流的优质客户。这部分客户按时偿还信用卡，很少产生利息收入。（2）循环借贷的低风险客户。这部分客户占比最大，具备一定还款能力，虽然欠款展期，但最终能够归还，可以贡献分期利息。（3）极易产生坏账的高风险用户。这部分用户表现出过度借贷，信用较差，经常发生逾期行为，坏账率较高。

虽然美国几乎有信用承担能力的家庭都成为了信用卡用户，但是在过去，并没有企业针对不同用户提供个性化的产品。Capital One 得以脱颖而出的关键是，针对这三类用户，基于差异化的市场定位和对用户的精细化运营：降低信用卡的年化利率，推出利率仅为 9.8% 的极具竞争力的产品；为中产用户提供信用卡代偿服务；针对银行长期忽视的工人和次贷人群，根据不同客群特点，提供具有个性化定价的产品服务，真正意义上开始推动普惠金融（见图 11-3）。

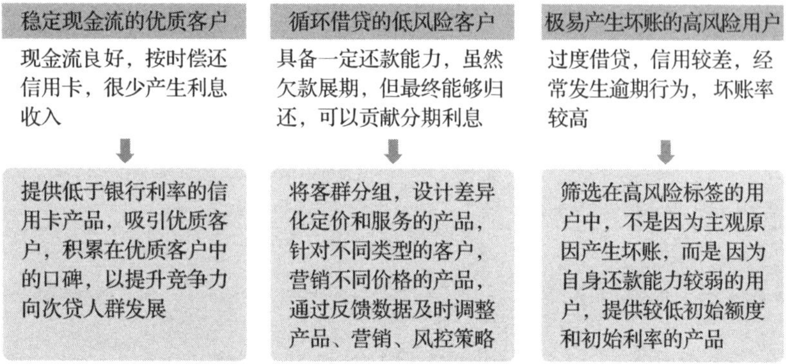

图 11-3 Capital One 的精细化运营

随着大数据的出现，数字驱动战略很大程度上巩固了 Capital One 在差异化客户策略的优势，并广泛应用于获客、转化、产品个性化推荐和沉睡用户唤醒等方面。

（四）两大业务特征

1. 数字驱动

Capital One 得以实现基于用户信息的个性化定价和服务，除了依赖美国发达的征信体系，“数据驱动战略”对数据分析起到了关键作用。

Capital One 自成立时，就已经在提供个性化服务的前提下，进行大量的数据分析，以开发出可以商业化的产品。直到 2002 年，Capital One 正式将“数字驱动”列入企业的发展战略，并正式设立了首席数字官，每年进行数万次的大数据分析实验，企业的产品可以更快地适应新技术的更迭以及市场的变化，同时可以快速应对竞争，在对手推出类似产品后，确保自身的领先地位。

产品差异化的结果，意味着企业可以在覆盖高风险的时候，实现高收益。从 Capital One 近五年间的 ROA 值可以发现，该指标在下降三年后仅为 0.60%，2018 年实现了反弹，达到了 1.66%。在收入增长率下降的同时，资产收益率却实现了逆势上扬，表明 Capital One 在数据驱动方面仍有较大优势。

基于数据驱动的背景，Capital One 提出了信息决策战略（information-based strategy，IBS），开启了数字革命，希望利用技术的进步挑战传统业务中存在的问题。其中，决策定量分析法、信息技术和企业对于高技能人才的吸引是支撑 IBS 的三大要素（见图 11-4）。

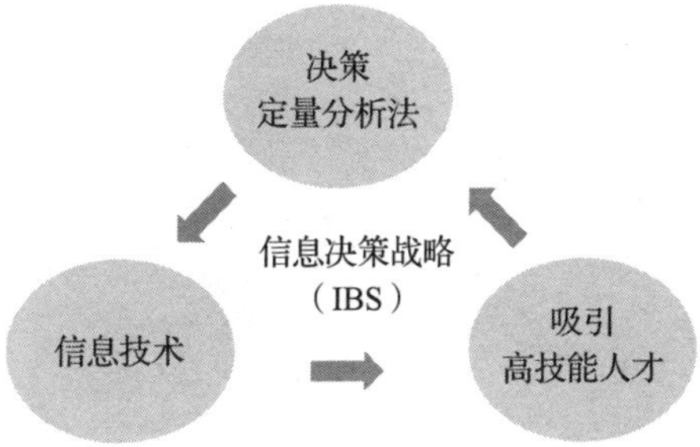

图 11-4 Capital One 信息决策战略三大支柱

IBS 是全球范围内大数据应用的先例，同时也是 Capital One 业务信息化的基础，服务于企业用户营销、产品匹配、风控系统、门店经营等环节，为企业提供了可以快速、准确、并行的决策能力，使得企业可以实现更准确的决策、更快的产品迭代和更好的优化体验。

例如，企业的用户营销可以基于交易记录，结合用户的信用程度和活跃程度，选择提高或降低信用额度，提供用户交易场景的优惠活动，提升活跃度。基于数据的营销策略可以做到将风险前置，企业还可以利用全面的信用数据建立风险识别模型，风险过高的用户甚至不会看到 Capital One 的营销广告，而通过营销获得的用户也表现出不同程度的风险，因此看到的产品利率、额度和期限也不同。

Capital One 作为金融机构，对于大数据、算法、人工智能、深度学习等互联网科技的运筹帷幄，是其在早期赶超其他竞争者的决定性因素。

2. 测试学习

有了强大的数据分析能力做支撑，企业可以及时地调用数据进行测试，以最快的速度更新产品，这就是 Capital One 的另一业务特色：测试学习策略（test and learn)(见图 11-5)。

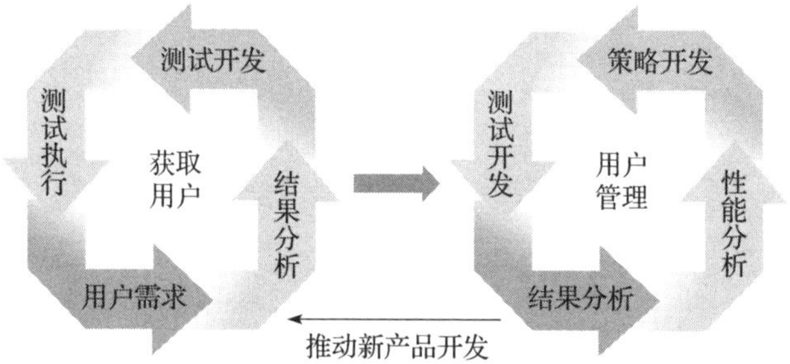

图 11-5　Capital One 测试学习战略流程图

这套由 Capital One 建立的流程主要包括产品构想、数据获取、产品测试、方案调整和产品发布，可以帮助企业以适当的价格在恰当的时间向精准的客户推出合适的产品，测试对象包括产品设计、营销方式、市场潜力和商业模式等。Capital One 的数百种信用卡就是基于测试结果设计，真正实现了匹配“千人千面”的消费金融产品和服务。

测试学习策略的另一个优势在于企业可以预测用户的决策行为，并根据结果采取相应的措施，占据主动权。能否在环境发生变化的时候做出调整，是大型企业面对的挑战。

例如，针对不同的信用卡客群，Capital One 通过将其更加细化地分组，开发个性化产品，同时实施不同的营销措施和风控策略，测试不同客群对不同产品及风险的接受程度，根据实际测试值调整产品细节。

对于 Capital One 来说，这两个重要策略带来的对市场环境的快速反应，是公司重要的竞争优势。

（五）财务表现

不断完善的测试学习战略使得 Capital One 可以更好地进行风险管理。根据大量征信数据、平台沉淀用户数据、用户以往的个人行为和违约记录，建立起用户风险决策模型，其效果会优于只参考一家或几家信用评分的效果。

风控体系和测试学习战略相似，需要长期且系统的建设投入，得益于大数据的基础，Capital One 的逾期率和不良率一直远低于美国银行业平均值。虽然 2018 年出现小幅上涨，但在 2019 年保持稳定，根本原因是 2018 年住房贷款余额减少，而汽车贷款的违约率上升。除了 M3 阶段以上拖欠率保持稳定（见图 11-6），Capital One M1 阶段以上的逾期率和拖欠率均处于下降趋势，表明资产结构得到一定改善。

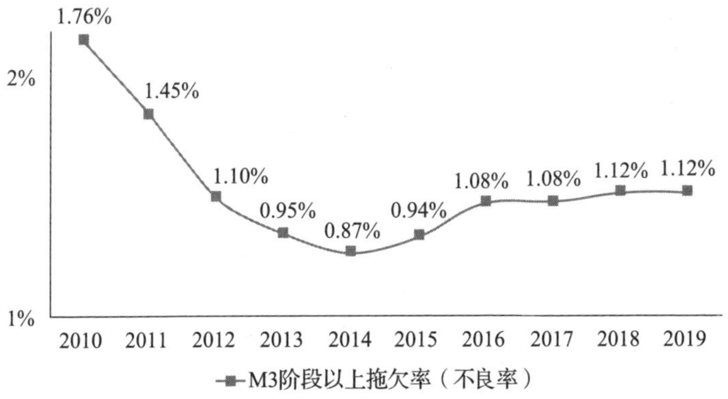

图 11-6　2010—2019 年 Capital One M3 阶段以上拖欠率

除了先进的技术手段为风险控制提供可能，Capital One 表现良好的不良率和逾期率也得益于其较高的核销率。Capital One 对其逾期 180 天以上信用贷款的核销率一直保持在较高水平且处于上涨趋势，加之连年增加的贷款损失金，对 Capital One 降低不良率起到积极作用。

即便企业利用提高核销率降低了不良率，但是仍保持了较高的盈利水平，说明 Capital One 对中高风险用户的把握，已经可以通过差异化营销、定价和风控实现对高风险的有效覆盖。

而信用卡作为 Capital One 的主营业务也是特色业务，在收入结构中主要贡献包括：超过免息期的透支利息收入、交易佣金、年费收入和取现及现金分期、消费分期等利息收入。虽然公司多元化战略不断推进，但是利息收入占比从 2010 年的 77.0% 上升至 2019 年的 81.6%（见图 11-7），表明 Capital One 的经营正在向传统业务回归。

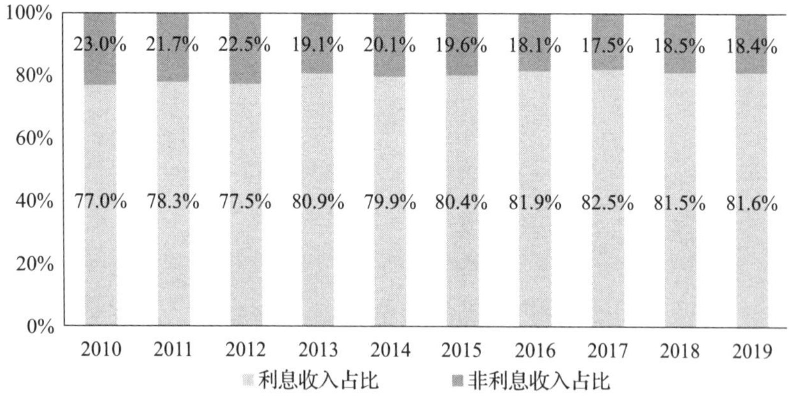

图 11-7　2010—2019 年 Capital One 净收入结构

虽然收入结构表现出信用卡业务仍为中坚力量，但是信用卡业务净收入近几年增长见缓，2014 年甚至出现了下降，2019 年增长率仅为 3.74%，信用卡业务或许已经到达发展瓶颈；而从退出住房贷款市场可以看到，Capital One 正在努力构建信用卡、个人银行和商业银行三大板块的多元化结构。

对比三类业务中生息资产收益率（见图 11-8），信用卡产品的收益率稳定且处于上升趋势，十年间一直保持较高水平。较高的信用卡业务占比及其超高收益率，使得公司整体生息资产收益率可以达到 8.35%。

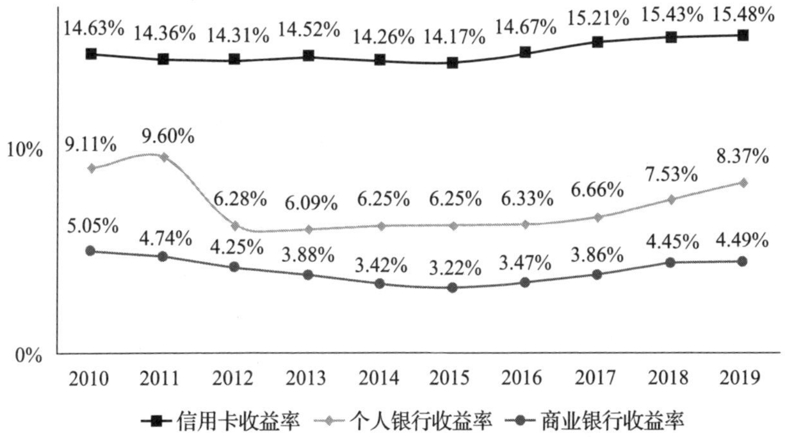

图 11-8　2010—2019 年 Capital One 生息资产收益率

在这样的高资产收益率下，Capital One 的净息差在 2012 年之后就维持稳定（见图 11-9）。其 2019 年净息差实现 6.83%，对比美国四大行的平均净息差水平 2.57%，表明 Capital One 在业内仍保持领先地位。

随着 Capital One 业务的发展越来越趋于稳定，其核心优势领域出现了越来越多的参与者，行业步入同质化竞争阶段，长此以往，Capital One 的优势会逐渐弱化。尤其是 2014 年公司增长乏力，面临着净利润连续三年下滑的压力，虽然 2018 年产品结构调整，出售住房贷款业务拉升了净利润值，但是受2019年经济下行影响，Capital One的净利润也不可避免出现了下降（见图11-10）。加之Capital One的业务经营地区过度集中，人工智能技术快速发展需要大量的成本投入，Capital One也面临着行业革新带来的风险和困境。

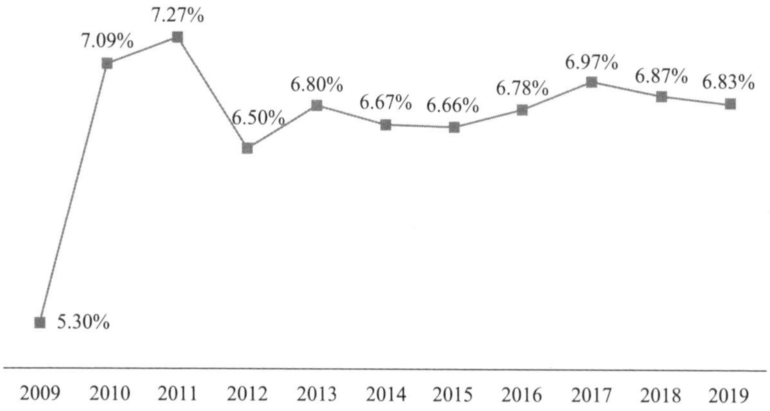

图11-9　2010—2019年Capital One净息差水平

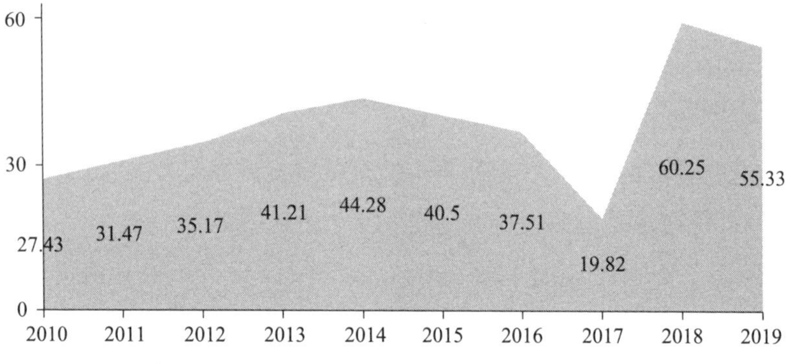

图11-10　2010—2019年Capital One净利润（亿美元）

（六）写在最后

2019年中期，Capital One的CEO面向全球宣布公司会成为一家改变银行业的企业。但是从财务表现来看，Capital One 近几年的突破似乎并不明显，甚至开始原地踏步。在未来，产品结构调整将对业绩增长带来持续影响，但是汽车金融业务的利率较高、贷款准备金下调也为 Capital One 带来更多利润空间的利好因素。

下一个十年，Capital One 是否还能讲好消金界的传奇故事？

Capital One 会随时监测消费者的消费及还款信息，以推测消费者财务状况。如果识别到有破产甚至逾期的风险，会及时降低信贷额度、提高贷款利息，甚至给予封号处理。Capital One 的主要产品类似信用卡，属于信用贷款，无抵押物。因此，对于已经产生欠款的用户，将其分为可以继续还款和不会再还款两类，适当降低催收成本。对于不会再还款的贷款额，虽然 Capital One 会做核销，但仍会影响用户的信用评级，因此法律和征信体系对消费者是否还款具有一定约束力。

第十二章

中国互金惨败教训：负责任投资与负责任放贷

2020 年 7 月 4 日，因涉嫌非法吸收公众存款，P2P 平台微贷网被杭州警方立案侦查。

本已接近麻木的互联网金融圈再次感受到强震。原因有很多，微贷网不仅是中国 P2P 网贷行业最早的平台之一，而且是美股上市的中国金融科技概念股之一；微贷网的“互联网 + 汽车金融”模式曾被公认为是网贷行业比较安全的。截至 2020 年上半年，微贷网累计成交超过 3 000 亿元，存量规模约 72 亿元。

现在，这个昔日的明星平台瞬间塌陷。不仅是微贷网，在监管要求下，从 2018 年底开始，P2P 网贷平台都收到了“能退尽退，应关尽关”的指令。官方披露数字显示，到 2020 年一季度末，全国累计有 5 000 多家 P2P 网贷机构退出，实际在运营的 P2P 网贷机构仅剩 139 家。

这意味着，P2P 进入最后出清阶段。在被警方立案调查前一个月，微贷网刚刚宣布退出网贷业务。在它之前，很多老牌 P2P 已经陆续停止业务。

2019 年 7 月，陆金所退出 P2P 网络借贷业务，转型消费金融。

2019 年 10 月，位于上海的中国第一家 P2P 平台拍拍贷宣布逐步退出网贷业务；11 月，拍拍贷进一步将名字改为“信也科技”，可见其与网贷彻底划清界限的决心。

2020 年 2 月 15 日，北京 P2P 平台积木盒子发布公告，不再从事网贷业务，同时开启战略转型，申请成为小额贷款公司。

还有更多的头部网贷平台要么资金链断裂被立案，要么陷入分期兑付泥沼。

2020 年 5 月，凡普金科旗下运营 6 年的 P2P 平台爱钱进被立案调查，平台累计借贷金额 1 047 亿元，借贷余额 240 亿元。凡普金科曾在 2018 年 4 月向港交所递交申请书，试图搭上互金上市的最后一班顺风车。但当年 11 月，招股书失效。在此之前，有十余家 P2P 和金融科技公司成功登陆海外资本市场。在 P2P 备案悬而未决的那两年里，业内很多人一度将上市作为“洗清原罪”“成功上岸”的标志。

2020 年 6 月，爱投资被北京警方以涉嫌非法吸收公众存款罪名查处，并对公司实际控制人赵春霞上网追逃。媒体公开的一个细节却显示，赵春霞 2019 年就已经奔赴海外“治病”。

在深圳，另一家元老级 P2P 平台红岭创投的日子同样艰难。

2019 年 4 月，红岭创投创始人周世平宣布清盘，并誓言用三年时间兑付完毕。彼时，周世平旗下两大网贷平台——红岭创投和投资宝——合计待偿余额 247 亿元。按计划，红岭创投第一年应兑付 20%。

一年后，投资人发现，“刚兑天王”周世平食言了。红岭创投仅兑付了 10%。有投资人算了一下，按照这个速度，周世平需要继续兑付 10 年。

兑付失信，让当初的“挺周派”翻脸变成了“反周派”，甚至有投资人在红岭网站论坛上呼吁推动“刑事立案”，把老周送进监狱。

一切都如微贷网创始人姚宏在朋友圈里所感慨的那样，“或许都是命运的安排”。

P2P 野火何以燎原

严格来说，微贷网们的命运注脚都是由自己写下的。

2006 年 10 月 13 日，诺贝尔和平奖颁发给孟加拉国格莱珉乡村银行的穆罕默德·尤努斯，以表彰他在推广小额信贷、满足穷人信贷需求方面的贡献。万里之外的中国上海，28 岁的前微软技术中心主管顾少丰被尤努斯的理念打动，他关掉了一直无法盈利的播客聚合网站菠萝网（www.podlook.com，这个网站目前已经无法打开），转身拉上大学同学张俊、高中同学胡宏辉，在 2017 年 6 月 18 日创办了拍拍贷。这也是中国第一家依托互联网的 P2P 借贷平台。

和菠萝网相比，P2P 显然是一个离钱更近的行业。

在中国，尤努斯还有一名更早的信徒，这个人就是宜信公司创始人唐宁。

1997 年，当顾绍丰、张俊等人刚刚迈入大学门槛时，24 岁的唐宁已是美国南方大学的一名交换生。从导师那里，唐宁首次接触到小微信贷概念，也第一次听说尤努斯的名字。那年夏天，唐宁在暑假社会实践中奔赴孟加拉国，跟着尤努斯贴身学习小额信贷模式。

9 年后，这次机缘最终落地开花，促成了中国小额信贷领域“宜信模式”的诞生。

严格来说，宜信与国外最早的 Zopa、Prosper 等纯线上借贷信息中介的平台模式完全不同。宜信从传统信贷撮合起家，早期从事教育贷款撮合，后来逐渐开拓城市信用贷款、车抵贷、房抵贷等业务，其模式更像线下贷款中介和小贷公司的混合体。再后来，宜信推出线上 P2P 平台宜人贷，则是 2012 年的事了。

2005 年 10 月，37 岁的周世平借钱买了一张南下深圳的硬座火车票。此前数年的炒股经历让他亏损数百万，负债累累，妻离子散。2009 年 3 月，他创办的 P2P 平台“红岭创投”上线。

按照自己对金融的朴素认知，周世平带领红岭创投开创了中国

P2P 行业的另一种模式：保本保息、坏账兜底。不仅如此，红岭还首创了网贷“净值标”加杠杆的玩法，投资人可以用自己在平台上的净投资金额做抵押，在平台上发募资标借款，最高杠杆达 9 倍。

这也是中国 P2P 一开始就闯入的误区：P2P 是一个零门槛的行业，谁都可以挽起袖子干；没有金融专业知识不要紧，甚至互联网知识也不重要，只要想做，拉起三五个人，架起一个网站，就可以对外募资了。

这是悲剧的起源。十年后，周世平的互联网金融“创新”让红岭创投背上了 200 多亿元的“刚兑”包袱，他自己也遭到投资人的围攻和唾弃。

2010 年，美国芝加哥伊州大学博士、信用卡征信行业老兵王征宇在上海创办了 P2P 平台信而富。

2011 年 4 月，北京秀水街“倒爷”、贷款中介王思聪创办的翼龙贷在北京上线。

2012 年，25 岁的四川小伙唐军在东莞成立了团贷网，从线下小贷转为线上 P2P。7 年后，唐军投案自首，警方查封了他名下的两架飞机和几十亿资产。

P2P 的星星之火，从北上广深加速向全国蔓延。

2011 年，去哪儿网创始人庄辰超联合在美国投资银行 Capital One 工作过的叶大清，创立了网贷搜索平台融 360。五六年后，中国互金行业会迎来上百名 Capital One 精英，他们圈下了中国互联网金融的近乎半壁江山。当然，这都是后话。

2012 年，和李治国同在杭州文三路上的连续创业者孙海涛创办了 51 账单，也就是后来的 51 信用卡。

网贷之家统计数据显示，2011 年之前，国内仅有 50 家 P2P 平台，2012 年增加至 150 家，2013 年进一步增至 580 多家（见图 12-1）。这一年，网贷平台的累计成交量首次突破千亿元，达到1 058亿元，是2012年的4.9倍；网贷平台的贷款余额约为268亿元，是2012年同期测算值的4.8倍。2015年，P2P平台数量3 576家，成交量接近1万亿元。到2016年和2017年，P2P年成交量达到2万亿元。

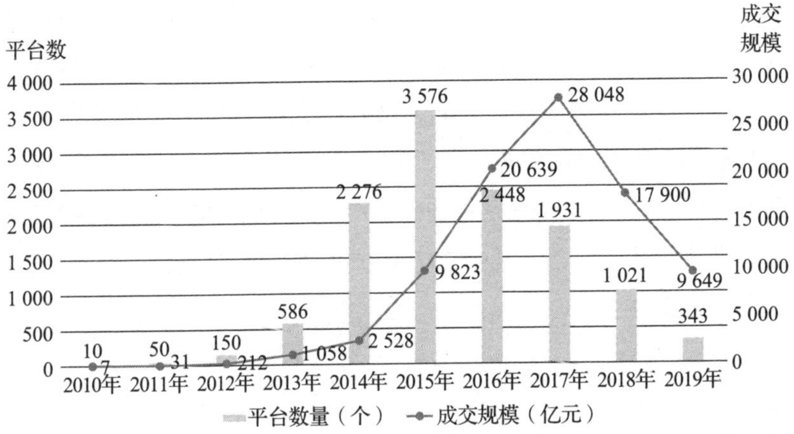

图12-1　2010—2019年P2P平台数量及成交规模

资料来源：网贷之家.

从拍拍贷划亮P2P第一根火柴始，6年星星之火，初成燎原之势。

⊙ P2P高烧不止

2013年是中国互联网金融和P2P网贷的关键转折点。

2012年4月，原中投公司副总经理谢平在“金融四十人年会”上首次公开提出“互联网金融”概念，互联网金融开始进入主流视野，并迅速成为最火的投资风口。

2012年10月，拍拍贷获得红杉资本千万美元级别投资，成为中国首家完成A轮融资的P2P平台；2014年4月，拍拍贷又完成B轮融资，投资机构为光速中国创业投资基金、红杉中国及诺亚财富。

2012 年 11 月，人人贷获得东方弘道资本 2 000 万元 Pre-A 轮融资；2013 年底，人人贷母公司人人友信宣布完成 A 轮融资，领投方为挚信资本，投资总额为 1.3 亿美元，这也是当时互联网金融行业最大的一笔融资。

2013 年 5 月 11 日，央视《新闻联播》报道了翼龙贷，将其作为 P2P 行业代表，推广其在温州金改中的实践经验。

2014 年，获得风投的 P2P 平台数量达到 53 家。2015 年，共有 129 家平台宣布获得融资，行业融资总规模达到 199 亿元人民币。据不完全统计，从 2010 年年初至 2016 年年底，国内 P2P 网贷行业融资事件共计 280 起，其中 207 家 P2P 平台获得融资，总额约 453 亿元（见图 12–2）。

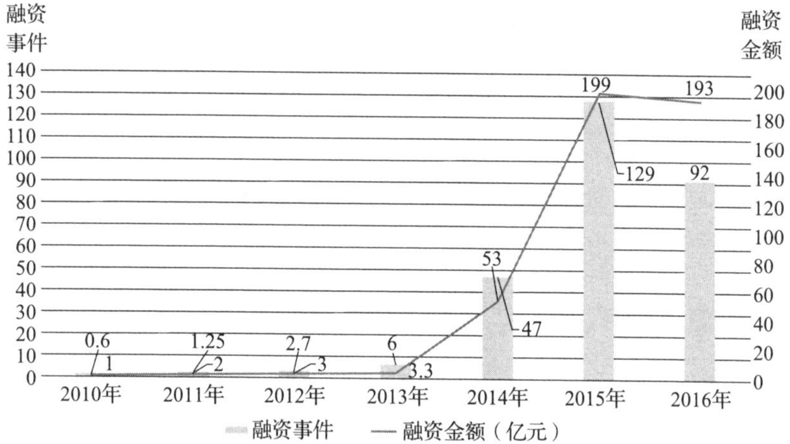

图 12–2　P2P 行业 2010—2016 年融资情况

在各方合力下，P2P 进入了狂飙突进的癫狂阶段。

2012 年底，被团贷网不见起色的业务搞得焦头烂额的唐军，押注 213 万元拍下了“史玉柱午餐”。后来的事实证明，唐军的这笔投资回报极高。团贷网不仅拿到史玉柱及其朋友圈的投资，平台本身也获得空前的曝光。团贷网短时间内从东莞一家默默无闻的P2P平台蹿升为全国知名平台。

2014年11月，联想控股宣布10亿元战略投资翼龙贷。一年以后，翼龙贷豪掷3.7亿元拿下央视标王。翼龙贷创始人王思聪（非万达王思聪）曾含蓄地表达了置身风口上的躁动不安，“互联网金融现在已经很热了，热得我觉着有点烧得受不了了。”

不止P2P，2013年，整个互联网金融行业集体“发高烧”。

2008年，马云曾自信满满地表示，“如果银行不改变，我们就改变银行”。但是，这种言语上的挑衅恰恰暴露了当时支付宝力量还很弱小，处处受限。支付宝诞生于2004年，但直到2011年才拿到央行的第三方支付牌照，在这之前一直处于“裸奔”状态。

转折点出现在2013年。这年6月13日，支付宝公司与天弘基金合作推出第一支互联网货币基金“余额宝”。5个月后，余额宝规模就突破了1 000亿元。“余额宝”大获成功，彻底引爆了互联网巨头进军互联网金融的热情。

2013年7月6日，继支付宝、腾讯旗下财付通获得支付牌照后，新浪、百度等获批第三方支付牌照；2013年7月29日，京东商城成立金融集团，正式进军互联网金融；2013年10月28日，百度上线首款理财产品“百发”。2013年11月6日，由马云、马化腾和马明哲三马联手打造的国内首家互联网保险公司——众安在线宣布开业。

面对热火朝天的互联网金融创新，有一些理性人士泼了冷水。

最激烈的一次发生在2014年2月21日，时任央视证券资讯频道执行总编辑兼首席新闻评论员钮文新公开发表名为《取缔余额宝》的文章。文章认为，余额宝是趴在银行身上的“吸血鬼”，典型的“金融寄生虫”。它们并未创造价值，而是通过拉高全社会的经济成本从中渔利。

此后，钮文新陆续发表了几篇文章，引发了监管、业内人士、媒体之间的一场大辩论。这次辩论当然没“干掉”余额宝，但是很及时地让监管意识到，迅速崛起的互联网金融在为传统金融领域注入活力的同时，也引发了很多不确定性和难以预知的风险。

中国银联总裁许罗德有过一个很形象的比喻，马云式互联网金融好比是跳街舞，自由度很大，也很漂亮；而传统金融业则是在跳国标，什么时候转头，什么时候伸头，是很规范的。互联网金融处于一种“野生”状态，监管体系也远不够健全，亟须在传统金融业和互联网金融之间找到一个折中方案。

一方面鼓励创新，但另一方面缺乏标准，没有基本的准入门槛，阿狗阿猫都来做金融创新，最终必然导致鱼龙混杂。

播下的是龙种，收获的是跳蚤

风险很快爆发了。

P2P 热潮吸引了众多庞氏骗子以及资金链断裂的民间放贷机构进场，随之而来的就是大批平台无法提现和倒闭跑路。据网贷之家统计，2013 年和 2014 年，分别有 74 家和 275 家 P2P 平台倒闭或跑路，分别占当年 P2P 平台数量的 10% 和 18%。2015 年，全国平台数量超过 3 500 家，有 950 家平台发生问题，占比高达 25%。

最短命的网贷平台仅仅上线 5 天，骗了第一波投资人后就跑路了。对 P2P 行业最致命的打击则来自 e 租宝事件。这家成立于 2014 年 7 月的平台，仅用一年时间便做到了 700 多亿元的待收余额。

e 租宝是一个非常典型的庞氏骗局。它有三个基本特征：

（1）铺天盖地的广告宣传。

（2）理财产品年化收益率 9% ～ 14.6%，且保本保息。

（3）大部分为虚假自融项目。

e 租宝还有一个荒唐的口号：“1 元起投，随时赎回，高收益低风险。”稍微具备金融学基础知识的人就知道，资产的风险与收益是匹配的，高收益对应高风险。如果随时赎回的活期理财能做到 9% 以上的高收益，为何全世界的银行不去做？为什么 90 万人会被如此拙劣的骗局蒙蔽了眼睛？这是值得好好反思的。

e 租宝出事之后，很多 P2P 平台选择为自己辩护，说 e 租宝不是真正的 P2P，P2P 被污名化了。仿佛只要将 e 租宝踢出 P2P 圈子，就能挽回整个行业的声誉。

但当更多的 P2P 倒闭或跑路后，就再没人说话了。

2015 年 12 月，昆明泛亚有色金属交易所被立案调查，该平台在网上发行的“日金宝”活期理财产品未兑付金额高达 400 多亿元，涉及 22 万投资人。2016 年 4 月，上海中晋系因非法集资被查，累计集资规模 400 亿元，未兑付本金约 48 亿元。2016 年 9 月，非法集资 400 多亿元的上海快鹿集团被查，案发时未兑付本金约 150 亿元。

一个很小的细节是，中晋系突然崩盘，源于该公司一名美女顾问在朋友圈炫富；快鹿系之所以遭挤兑，则是因为该公司投资的电影《叶问 3》上映后，宣称 60 小时内票房破 4 亿元。然而，一名网友晒出票根，引爆了票房造假丑闻。

亚马孙河一只小小蝴蝶不经意地扇动翅膀，为何会在大洋彼岸引发一场风暴？

表面看，这是互联网时代信息爆炸式传递带来的放大效应。但本质上，这不恰恰说明，很多 P2P 平台的模式根本经不起推敲和深究，一戳就倒吗？

话说回来，即便 P2P 网贷平台完全坚守信息中介（很遗憾，除了早期的拍拍贷之外，中国所有 P2P 平台都选择了做信用中介）定位，运营模式仍存在三大风险：

（1）借款人违约风险。

众所周知，P2P 的借款人都是在银行和持牌金融机构无法获得授信或授信不足的次贷人群（我们含蓄地称之为“长尾人群”）。这一群体包括个人、个体户、小企业主，由于征信记录不完善，线上风控手段有限，违约风险很高。

横向对比来看，截至 2019 年 5 月末，全国金融机构单户授信 1 000 万元以下小微企业贷款不良率是 5.9%；2019 年，新三板 20 余家小贷公司披露的平均不良率为 12%。

P2P 行业的逾期率是多少呢？2018 年 P2P 行业大规模爆雷前，中国互金协会登记披露平台信息显示，绝大多数 P2P 披露的逾期率和不良率都是 0，即使有披露的平台，其不良率也低于银行。这显然是违反常识的，这也说明 P2P 的逾期率极度不透明。

陆金所 CEO 计葵生可能是行业里唯一一个勇于揭开“皇帝新衣”的人，他在 2015 年曾公开表示，P2P 行业坏账率为 13% ～ 17%，陆金所的坏账率为 5% ～ 7%。2017 年后，十余家金融科技公司赴海外上市后，披露的逾期数据印证了计葵生的说法，P2P 行业头部平台逾期率平均在 5% ～ 10%。

如此高的违约率，再加上资金端 10% ～ 15% 的成本，借款人的最终成本超过了 20%，大部分个体从业者和小微企业都很难负担如此高的利率。

（2）网络信用贷款无抵押物的风险。

P2P 网络贷款往往为纯信用贷款，凭身份证和手机就能借款，这就导致逾期后，回款的唯一手段是催收。但在监管严禁暴力催收后，各平台逾期率和坏账率大增，贷后催收停滞成为拖垮很多平台流动性的最后一根稻草。

（3）平台运营方的商业风险和道德风险。

在 P2P 行业，平台经营方的主要风险是道德风险。P2P 本来是一端连接资金方（投资人），一端连接资产方（借款人）的纯信息中介，但在实际运作中异化为既能吸储又能放贷的地下银行，而且丝毫不受现有金融监管法规的约束。

在缺少有效监管的情况下，面对数十亿甚至数百亿的资金流入，指望 P2P 平台不动歪脑筋是不可能的。在监管森严的银行业，影子银行业务都屡禁不绝，以至于银保监会不得不隔三岔五出面喊话，要严防影子银行和交叉金融业务风险死灰复燃。

重庆市原市长黄奇帆曾公开批评，P2P 金融是新瓶装旧酒——新瓶指的是互联网，旧酒指的是封建余孽式的老鼠会、高息揽储式的高利贷。可谓一针见血。

P2P 失败的责任到底谁来背？这是一个敏感话题。如果说完全让投资人来背，有失公平。在一个 M2 多年高速增长的年代，普通人的毕生积蓄放在银行唯一的命运就是缩水，在这种情况下大家追逐高收益的理财产品也是一种无奈的对冲手段。

但如果将板子完全打到监管身上也有失公允。毕竟很多监管人士不断提醒过 P2P 的投资风险。2017 年，在银监会主席郭树清上任后的首次新闻发布会上，主席助理杨家才针对非法集资乱象提醒说，参与非法集资要愿赌服输，承担损失，不能出事找政府。

如何避免类似 P2P 的巨大损失，投资人当然应该自我教育，不要盲目相信不切实际的收益，做到“负责任地投资”，对自己的钱负责。监管也需要总结教训，提前介入或叫停违规金融创新，可能会更好地保护投资人的利益，这是“负责任地监管”。

对于 P2P 是否属于影子银行的问题，存在一定争议。

2013 年 12 月 10 日，国务院发布了《关于加强影子银行监管有关问题的通知》，首次将不持有金融牌照、完全无监管的信用中介机构——新型网络金融公司——纳入到影子银行范围。

耶鲁大学管理学院金融学终身教授陈志武也曾表示，P2P 在影子银行定义范围之内，因为它既没有资本充足率的要求，也没有存款准备金的要求。

然而也有人认为，虽然 P2P 具备影子银行的所有特征：期限错配、高杠杆、信用转换、流动性转换等，但 P2P 无论从规模（2017 年存量 1.2 万亿元左右，仅为大资管行业存量规模的 1%）、资金来源（主要为个人投资者），还是对银行等金融机构的交叉影响来看，尚不具备引发系统性风险的能力。严格来说，P2P 早中期最大的风险还是涉众性。

不过，P2P 行业发展后期，随着大批平台为摆脱经营亏损，开始进入另一条赛道——现金贷，性质逐渐发生变化。伴随着资金来源由个人投资者向小贷公司、信托、城商行、持牌消费金融等金融机构转换，担保机构和保险机构的大规模参与，消费信贷资产证券化的放量，P2P 越来越趋向影子银行。

现金贷的崛起

当 P2P 无法证明自身是一个可持续盈利模式时，现金贷应运而生。

以最早的 P2P 平台拍拍贷为例，创业 8 年一直亏损，2015 年，拍拍贷亏损人民币 7 214 万元。2016 年 4 月，拍拍贷的现金贷产品“曹操贷”上线。2015—2017 年，拍拍贷放贷金额分别为 50 亿元、194 亿元和 656 亿元；2016—2018 年净利润分别为 5 亿元、10.8 亿元、24.7 亿元。现金贷救了拍拍贷一命，并在 2017 年将它送入纳斯达克。

趣店是现金贷领域另一个典型案例。

趣店早期的主营业务是面向大学生的消费分期贷款“校园贷”。后来由于“裸条贷”、暴力催收引发监管整顿。趣店被迫转型，幸运的是，趣店2015年8月搭上了蚂蚁金服这艘大船。借助支付宝的芝麻信用分和优质流量，趣店在没有风控团队的情况下迅速盈利。2015—2017年，趣店净利润分别为–2.3亿元、5.8亿元、21.6亿元。

2017年10月18日，成立3年半的趣店在纽交所上市，市值一度超过百亿美元。然而，趣店的造富神话同时引爆了一场现金贷舆论危机，其直接后果就是，当年12月1日，监管发布《关于规范整顿“现金贷”业务的通知》，剑指高利贷、暴力催收等乱象。

在趣店上市前后，信而富、和信贷、拍拍贷、乐信、融360旗下简普科技等互金公司都趁着监管宽松期奔赴资本市场。2018年下半年，互金行业掀起第二波上市潮，小赢科技、品钛、微贷网、360金融、嘉银金科、玖富抓住了这一波机会，跻身海外资本市场。

回顾中国现金贷的发展历史，可以看出有两个比较清晰的转折点。一个是2017年12月，现金贷监管条文落地，行业踩下急刹车，行业第一梯队开始向持牌机构转型，并加速资本化套现；第二个转折点是2019年“3·15”晚会，央视曝光“714高炮”超利贷模式，现金贷整个产业链——导流端的贷款超市、现金贷系统商、征信、大数据风控、贷后催收——几乎全军覆没。

目前互联网贷款市场上，仅剩下三类玩家：银行、持牌消费金融公司、包括电商在内的互联网巨头。市场规模方面，截至2019年末，中国个人短期消费信贷余额约10万亿元，扣除信用卡7.6

万亿元应偿信贷余额，还有 2.4 万亿元。

2019 年 10 月，《财新周刊》所载《两万亿联合贷款挑战》一文指出，互联网巨头通过导流、助贷、联合贷款等方式与银行发放的贷款规模高达 2 万亿元，合作银行数百家。

实际规模可能比《财新周刊》预计的更大。例如，蚂蚁金服管理的信贷余额超过 1 万亿元，微众银行 4 000 亿元，平安普惠 3 700 亿元，贷款余额达到千亿规模的机构还包括新网银行、京东数科、捷信消费金融、招联金融、百度度小满等。考虑到很多非银机构及互联网公司的自营贷款，中国目前的互联网贷款总规模应该超过 3 万亿元。

如此大规模的线上小额信贷，也给监管带来了前所未见的难题。传统的银行信贷受网点、线下面申、营业时间等因素限制，很难大规模展业。但互联网贷款利用大数据风控和自动化信贷审批系统，可以 7×24 小时作业，真正实现了无远弗届。

但信贷互联网化带来的最大挑战是，金融科技公司在攻城略地过程中如何保持理性和克制？互联网贷款的客群是次贷人群，也就是所谓的“长尾人群”或“五环外”人口，那么，互联网贷款客群渗透的底线到底是“六环外”还是“七环外”？或者一路打到“十环外”？

如何确保金融科技公司不过度渗透，合理审慎地评估客户偿付能力和风险，克制向下沉用户过度授信的冲动？

在一切追求规模和速度的互联网时代，这当然是很困难的。

当互联网金融科技公司携华尔街归来的精英团队，凭借精密的大数据算法和精准的用户画像，将现金贷广告推送到用户智能手机上时，那场景，像极了一支船坚炮利的正规军包围成千上万两手空空的流民，后者除了投降和任人宰割之外，似乎并没有更好的出路。

这正是过去十余年中国互联网金融过度深化的缩影，也是最让人诟病的地方。资本挟持技术优势进行监管套利，而金融消费者沦为最大的牺牲品。

“掠夺式放贷”还是“有责任放贷”

在信贷领域，有一个说法叫“负责任贷款”（responsible lending），什么意思呢，就是在审批每一笔贷款前，放贷机构都应了解清楚借款人的贷款诉求、经济状况，并据此作出理性评估：贷款金额是否满足该客户的需求；客户是否能按时偿还贷款。

与“负责任贷款”对应的则是“掠夺性贷款”(predatory loans)，指的是放贷方以不公平、误导性或不可负担的条款向借款人放贷，其对象通常为低信用、自控力弱的年轻群体、社会边缘或底层群体。

“掠夺性贷款”有很多表现形式，有时表现为高利率，有时也表现为向低信用人群推销不适合的信贷产品。无论以何种面目示人，其最终结果都是让借款人陷入难以脱身的债务陷阱（debt trap）。

通常，短期小额现金贷被归为“掠夺性贷款”的一种，例如国外的“发薪日贷”（payday loan），国内的714高炮产品；此外，向不合适的人群推销信用卡，以低首付或零首付向次级人群发放住房或汽车贷款，同样属于“掠夺性贷款”。

相对于赤裸裸的高利贷，人们往往忽视“不可负担”的“掠夺性贷款”。

举例来说，一名大学生，每月1 200元生活费全部来自父母，他向现金贷机构申请5 000元分期贷款购买苹果手机，年化利率24%，机构是否给予通过？

再举一个例子，一名三四线城市的快递员或外卖员，月收入四五千元，如果连续向多家金融机构申请累计 20 万元的信用贷款，年化利率 24%，金融机构该如何评估及授信？

上述两个例子，表面看都合法合规。但从社会责任角度看，无论是大学生还是快递员、外卖员，都属于“不可负担”上述贷款的次级群体，对其过度授信本质上属于“掠夺性贷款”。

2017 年 10 月，美国消费者金融保护局（Consumer Financial Protection Bureau，CFPB）发布《禁止发薪日债务陷阱规定》，要求贷款机构必须在放贷前评估借款人是否有能力一次性偿还全部或大部分贷款。CFPB 认为，消费者常常在贷款机构过度营销影响下，欠下超出自身偿付能力的贷款，最终要么逾期，要么没钱支付房租、生活费或医疗费。

实践中，美国是如何监管现金贷的呢？我们可以回顾一下最著名的一桩现金贷诉讼案。

2020 年 7 月，美国最高法院同意就堪萨斯州现金贷大亨斯科特·塔克（Scott Tucker）的上诉召开听证会。一个现金贷案子，能闹到最高法院，到底是怎么回事呢？

斯科特·塔克来自堪萨斯州，是一个白手起家的商人，后来成为一名成功的赛车手。他从 20 世纪 90 年代末开始做现金贷生意，成为美国互联网现金贷的最早玩家，最鼎盛时雇用了 10 000 名员工。不过，斯科特·塔克的现金贷比较狠，年化利率高达 400% ～ 700%，最高可以到 1 000%。

好景不长。2012 年，在调查了 10 年后，美国联邦贸易委员会对其提出起诉，指控他采用欺骗性条款、非法高利率和不正当的催收手段，从 450 万借款人身上赚了 4 亿美元，其累计借贷规模高达 20 亿美元。

2016年，法庭判决斯科特·塔克向以往借款人支付总计13亿美元赔偿金，创下美国现金贷赔偿的最高纪录。2018年，斯科特·塔克被法庭判处入狱16年8个月。

值得一提的是，截至2018年，联邦贸易署已向100万借款人退还了总额5.5亿美元的赔偿。

斯科特·塔克一直试图翻案，但大都被法院驳回。

斯科特·塔克案这样的现金贷乱象是美国成立消费者金融保护局的原因之一。2010年，奥巴马政府批准成立消费者金融保护局，初衷是监管100亿美元以上的大型金融机构，避免2008年金融危机的重演，但该机构还承担了另外一项重大职责：监管消费金融业务，对象包括银行、信用社、证券公司、发薪日贷款、抵押贷款服务和催收公司等。

监管严格是现金贷业务在美国做不大的主要原因。首先，个人信息保护非常严苛，互联网公司不可能采用爬虫手段抓取用户个人数据，更不敢兜售给金融公司放贷；其次，各州对小额现金贷的资质和监管要求不同，这导致放贷机构在全国范围内展业的合规成本极高；最后，催收公司受到《公平债务催收作业法》的严格约束，对催收方式和次数都有具体要求。针对随科技进步出现的新漏洞，美国监管部门也会及时堵住。例如，2020年初，针对AI机器人骚扰电话，美国参议院投票通过一项新法案，罚金最高每通电话1万美元。该法将遏制银行和金融科技公司大范围采用AI机器人进行电话催收。

由此反观，中国现金贷产业爆发的原因，并非技术先进（中国金融科技公司大数据风控人才大部分从美国回来），而是在监管宽松的特殊时期，以牺牲消费者个人隐私为代价发展起来的。

中国现金贷行业是普惠金融还是掠夺性金融？不少人强调，

“714 高炮”是掠夺性金融，持牌机构年化利率低于 24% 是普惠金融。

这种简单的二分法走入了一个认知误区。如果用两个指标来评估普惠金融的话，一个是可得性（availability），一个是可负担（affordability），互联网和大数据等技术革命大大改善了小额信贷的可得性，但某种程度上可负担性恶化了。

大多数金融科技公司声称自己的客群是 near-prime（次优）人群，但实践中均下沉至 sub-prime（次级）市场。对次级市场的借款人过度授信，结果就是下沉市场大范围的信贷污染，“多头借贷”或“共债人士”急剧增加。

2017 年底，国家互联网金融安全技术专家委员会的一份现金贷发展情况报告指出，现金贷行业存量用户约 1 000 万，其中一个月在两家或两家以上平台借款的多头借贷者近 200 万，其中四分之一更是一个月内连续借款 10 家以上平台。也就是说，多头借贷比例为 20%。同年，北京互联网金融协会发布的《羊毛党、多头借贷、转贷行为排查报告》显示，从 61 家现金贷机构的样本结果看，多头借贷比较严重，平均多头借贷率为 44.14%，最高达 91.51%，最低 5.32%。

可见，在征信数据匮乏的情况下，即使持牌机构也无法遏制放贷冲动。

2019 年 8 月，《每日经济新闻》曾报道，南京一名“211”大学毕业生跳楼自杀，死前 1 年从 10 家持牌金融机构贷款 36 次，放贷次数最多的三家持牌机构放贷次数分别为 16 次、6 次和 5 次。

作为一个从业者，必须承认，中国监管部门曾给予互联网金融充分的空间和足够多的时间去试错，但结果让人大失所望。

中国互联网金融过去十年在多个方向上的左冲右突，除了打擦边球、政策套利外，没有任何重大意义上的创新。最让人遗憾的是，这场实验以“科技向善”的口号开场，实践中却一步步滑向“科技向恶”。

这也让我们认识到，一哄而上、大干快上、毫无门槛的金融创新不叫创新，而是行业毒药和灾难。

如果非要定性的话，那就是，互联网金融让“我们付出了巨大代价，教训非常深刻”（中国人民银行副行长潘功胜在“2019 第三届中国互联网金融论坛”上的发言）。

◉ 本章参考资料：

网贷之家 2015—2019 年网贷行业报告。

美国消费者金融保护局（Consumer Financial Protection Bureau，CFPB）官网。

北京互联网金融协会 2017 年 12 月发布的《羊毛党、多头借贷、转贷行为排查报告》。

国家互联网金融安全技术专家委员会 2017 年 11 月发布的《我国现金贷发展情况报告》。

中国人民银行副行长潘功胜在“2019 第三届中国互联网金融论坛”上的演讲稿。

第十三章

蚂蚁金服：信贷旧业务褪色后，如何讲述科技新故事

2020 年 7 月 20 日，支付宝母公司蚂蚁集团（即蚂蚁金服）宣布，将在上交所科创板和港交所主板寻求同步发行上市。这是世上最大的 IPO 之一，外界预计此次上市估值约 2 000 亿美元。

蚂蚁金服起步于 2004 年成立的支付宝，2013 年 3 月，阿里巴巴以支付宝为主体筹建小微金融服务集团，这是蚂蚁金服的前身；2014 年 10 月，蚂蚁金服正式成立。

2015 年 7 月，蚂蚁金服完成 A 轮融资，估值约 300 亿美元（约 2 000 亿元人民币）。2016 年 4 月，蚂蚁金服完成 B 轮融资，估值约 600 亿美元（约 4 200 亿元人民币）。

蚂蚁金服 2016 年在融资 PPT 中给出的预测是，如果 2018 年 IPO，则市值达到 1 100 亿美元（7 400 亿元人民币）；如果 2019 年实现 IPO，则估值达到 1 600 亿美元（约 10 000 亿元人民币）。

现在上述估值预测已经实现，但蚂蚁金服的盈利能力比机构预估的低了很多。蚂蚁金服 2015 年、2016 年、2017 年、2018 年的税前利润分别为 42.5 亿元、29.1 亿元、131.8 亿元、亏损 19 亿元（2018 年前三个季度）。巴克莱和安信都曾预测蚂蚁金服 2019 年盈利达到 55 亿美元左右（约 385 亿元人民币），实际情况是，蚂蚁金服 2019 年净利润为 176 亿元人民币，虽然创下最高纪录，但还不到投行预测值的一半（见图 13-1、图 13-2）。

蚂蚁金服盈利与估值的脱节，部分反映了金融科技公司过去几年的基本面：在剧烈变化的监管态势下，金融科技公司面临去金融、转科技的艰难选择，旧金融业务支撑了乐观的盈利预期和估值泡沫，但新科技仍然只是地平线上的一抹远景。

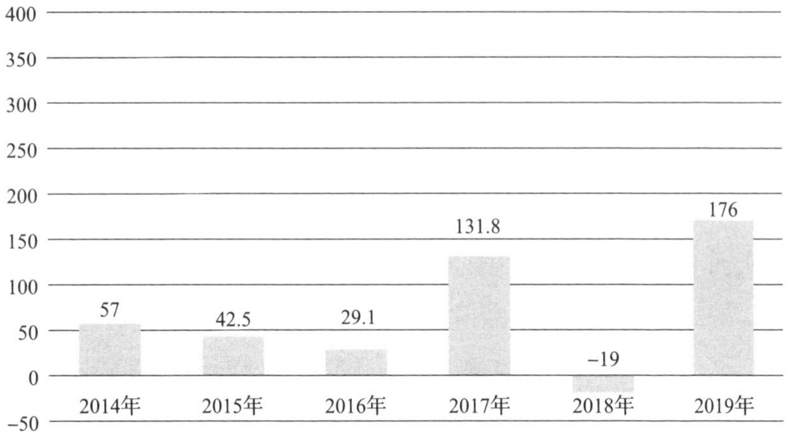

图 13-1　2014—2019 年蚂蚁金服税前利润（单位：亿元）

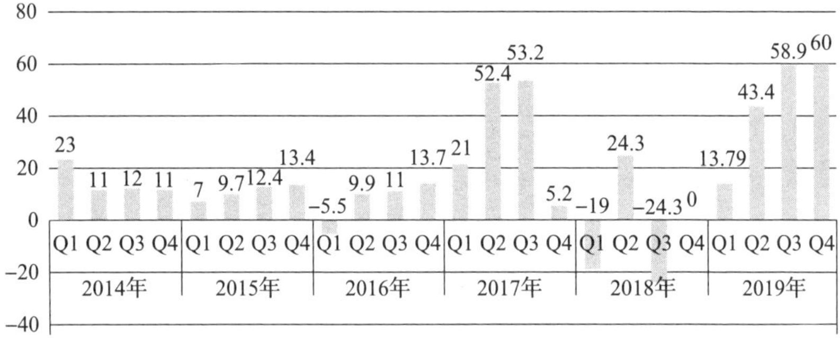

图 13-2　蚂蚁金服 2014—2019 年分季度税前利润（单位：亿元）

当旧业务褪色后，如何讲好科技新故事，将是蚂蚁金服上市后面临的巨大挑战。

讨论蚂蚁金服的估值，需要先理清其业务体系。

蚂蚁金服的主要业务板块包括支付、信贷、理财、保险、征信、技术输出六部分，这几部分对应的主要产品是支付宝、蚂蚁花呗、借呗和网商银行、余额宝与蚂蚁聚宝、芝麻信用等。

曹山石 2016 年曾点评说，蚂蚁金服向投资人描绘的万亿估值故事，是将蚂蚁金服对标为“Visa+PayPal+富国银行+嘉信理财+美国国际集团 AIG+费埃哲 FICO+Lending Club”的综合体。支付宝对标 Visa+PayPal；网商银行对标富国银行；蚂蚁财富对标嘉信理财；蚂蚁保险对标 AIG；芝麻信用对标费埃哲 FICO；蚂蚁小贷对标 Lending Club。

这种对标是否合理呢？

支付业务

支付业务是蚂蚁金服的基石和其他商业模式的起点，也是金融业务流量的入口。目前，支付宝的国内活跃用户超过 9 亿人。支付宝在移动支付领域的占比大约为 50%，略高于腾讯的财付通（约 40%），这个比例已经基本稳定。

支付业务收入一度是蚂蚁金服的主要支柱。2015—2016 年，蚂蚁金服约 65% 的收入来自支付，2017 年下降至 54%，2019 年降低到 45%。

支付收入主要包括两部分，一部分是备付金收入，另一部分是支付交易服务费。在 2019 年备付金集中缴存之后，备付金利息收入基本消失，蚂蚁金服支付业务的主要收入来自交易费率。

由于第三方支付业务的竞争以及监管要求，交易费率提升的空间不大，收入增长的主要途径是扩大交易规模。亿欧 2019 年 5 月曾在题为《支付还是科技：蚂蚁金服未来收入测算》的报告中预测，2021 年，支付宝交易规模有望达到 157 万亿元，在业务费率维持当前水平或小幅调升的情况下，支付业务收入的可变区间为 942 亿～1 256 亿元。取低位数 942 亿元，按蚂蚁金服计划 2021 年收入目标 2 230 亿元计算，支付业务收入占比 42%，基本符合支付业务在总收入中占比的变化趋势。

从对标物来看，VISA是两大国际信用卡巨头之一，支付宝没有信用卡发行资质，没有可比性。从商业模式看，支付宝更像PayPal，后者覆盖全球200多个国家和地区的3.46亿用户，2019年度净利润24.6亿美元（约合172亿元人民币），恰好等于蚂蚁金服2019年净利润。

估值测算：PayPal目前市值2 300亿美元，对应2019年93倍PE，这得益于美股大牛市，在2020年3月份之前，PayPal的静态PE在30～40倍。假设支付宝2020年净利润50亿元，按30倍PE计算，支付宝目前估值约1 500亿元人民币（约215亿美元）；假设支付宝未来5年净利润年均增速15%，2024年净利润将达到87亿元，按30倍PE计算，估值约2 623亿元人民币（约375亿美元）。

信贷业务

信贷业务是仅次于支付业务的另一大收入来源。这块业务主要包括C端的“花呗”“借呗”，以及B端的网商银行旗下的网商贷。不过，蚂蚁金服仅持有网商银行30%股份，2019年，网商银行净利润12.5亿元，在蚂蚁金服总利润中占比不大。

另外，网商银行跟富国银行没有任何可比性，前者是互联网银行，没有线下网点，客户覆盖有限，吸储能力严重受限；贷款用户主要为阿里集团电商平台内的小微企业，业务较为单一。富国银行是美国第二大银行，拥有9 000多家分支机构，曾是美国市值最高的银行。2020年2月后估计下跌一半，市值仍有1 000亿美元。如果参考微众银行30倍PE估值标准，网商银行的估值约为400亿元人民币，也只有富国银行的1/20。

信贷业务的主要看点在花呗和借呗上。其中，花呗主体是重庆市蚂蚁小微小额贷款有限公司，注册资本金 80 亿元；借呗主体是重庆市蚂蚁商诚小额贷款有限公司，注册资本金 40 亿元。

除了自有资本金外，花呗和借呗主要依靠两种资金来源放贷：

第一种是发行 ABS 将信贷资产出表。在监管降杠杆要求下，2018 年后，花呗和借呗的规模开始逐步缩减。截至 2019 年年中，花呗 ABS 存量规模大约 1 100 亿元，借呗 ABS 存量 500 多亿元。

第二种是助贷或联合贷款，资金方包括银行、信托、消费金融机构，具体分为两种方式：（1）导流模式，银行等金融机构自主风控和授信。导流 + 初步风控，蚂蚁金服向银行推荐客户并提供初步风控，银行等机构再次进行风控筛查及授信。（2）联合贷款模式。蚂蚁金服推荐客户，并出资与银行联合放贷，一般双方出资比例为 2∶8 或 1∶9。

在导流模式和助贷模式中，蚂蚁金服主要收取佣金和贷款手续费；在联合贷款模式中，除了手续费，蚂蚁金服还与银行分润。根据财新的报道，蚂蚁金服通常分润比例为 30% ～ 35%，个别情况可以到 50%。银行方面则可以得到一个相对固定的收益率，通常在 7% ～ 9%。

目前，借呗和花呗的用户数为 3 亿～ 4 亿，两者合计信贷余额接近 1 万亿元人民币，其中绝大部分为联合贷款。

在转向联合贷款之前，蚂蚁小贷业务的商业模式是向用户收取的利息及 ABS 成本之间的利差。以 2017 年为例，根据 CNABS 统计，2017 年借呗和花呗 ABS 发行规模合计 3 405 亿元，其中花呗 1 733 亿元，借呗 1 672 亿元。

考虑到花呗账单分期资产中包含 57% 的一个月内的非分期资产（数据来自德邦 2017 年花呗 ABS 发行文件），实际生息资产仅43%，2017年生息资产规模为745亿元，重庆市蚂蚁小微小额贷款有限公司（花呗主体）2017年的营业收入为66亿元，利差约8.8%。

借呗方面，重庆市蚂蚁商诚小额贷款有限公司2017年营收114亿元，按1 672亿元的ABS计算，利差约6.8%。

因此，借呗和花呗ABS的利差约8%，再加上ABS融资成本6%，可以推算出用户借贷成本在14%以上。在助贷模式下，蚂蚁金服虽然不承担坏账风险，但收入也会相应减少，根据分润比例测算，蚂蚁金服的毛收入占贷款规模的3%左右。

目前，花呗和借呗的不良率均低于1.5%，资产质量在行业内属于优良水平。

2017—2018年，花呗和借呗的净利润占蚂蚁金服净利润的70%～80%。路透社曾报道，2019年蚂蚁金服净利润为170亿元，因此信贷业务净利润大约为120亿元，按其净利润率50%计算，信贷业务毛收入238亿元，背后的信贷资产大概8 000亿元。

对蚂蚁金服信贷部分的估值有点困难，如果按照金融业务来估值，比较合适的对标是美国的Capital One，后者目前市值290亿美元，10倍PE；但如果按科技公司估值，那就是另一个截然不同的故事，30倍或50倍PE都可以自圆其说。

蚂蚁金服目前正努力将自己塑造成一家科技公司，在宣布上市前改名蚂蚁集团，弱化金融色彩，强调科技属性，固然与金融强化监管有关系，但主要动力还是来自科技公司估值溢价更高。

目前，蚂蚁金服技术服务收入在总收入中占比45%，与支付收入持平。根据预测，到2021年，蚂蚁金服的技术服务收入将上升至总收入的65%，超过支付收入成为第一大收入来源。

不过，需要指出的是，蚂蚁金服的技术服务收入主要来源于助贷中的手续费和佣金收入，其本质依然是互联网金融业务，只是换了个名字而已。

估值测算：按 2020 年 1 万亿元贷款（含自营、助贷和联合贷款）总规模计算，毛收入 300 亿元，净利润 150 亿元。按 30 倍 PE 计算，该业务估值 4 500 亿元人民币（约 640 亿美元）。考虑到监管对联合贷款扩张引发的风险愈加重视，蚂蚁金服联合贷款业务规模的增长或受到严格制约。以 2024 年 1.5 万亿元联合贷款规模计算，信贷业务的利润或达到 225 亿元，对应估值 6 750 亿元（约 960 亿美元）。

◉ 财富管理业务

理财业务主要包括货币基金余额宝以及第三方基金销售。根据中信证券研究报告，货币基金方面，2020 年一季度，天弘余额宝规模约 1.26 万亿元，其他基金公司产品总规模约 1.3 万亿元，合计 2.6 万亿元；此外，定期理财和公募基金规模约 1 万亿元。蚂蚁金服目前的资产管理规模约 4 万亿。受监管要求制约，天弘余额宝的总规模未来基本稳定，不会大规模增长。基金代销业务也面临银行、券商和其他机构的激烈竞争。

目前，余额宝的年度利润分成约 10 亿元，基金销售年利润约 1 亿元。

那么，蚂蚁财富的未来如何估值比较合理？

蚂蚁金服财富管理业务对标的嘉信理财是一家集证券经纪、银行、资管和财富管理为一体的综合性平台。截至 2019 年底，嘉信理财管理的资产规模为 4 万亿美元，2019 年营收 107 亿美元，净利润 35 亿美元（约合 245 亿元人民币），市值约 430 亿美元（约合 3 010 亿元人民币），11 倍 PE。

国内蚂蚁金服勉强可以对标的是互联网券商东方财富。东方财富也是利用互联网流量向金融服务商转变的典型代表。2019 年，东方财富实现营业收入 42.32 亿元，净利润为 18.31 亿元，市值约 2 100 亿元，PE 高达 110 倍。东方财富的收入构成中，证券业务占比 65%，基金代销占比 30%。

和嘉信理财以及东方财富比，蚂蚁金服的短板是缺少证券业务。蚂蚁金服一直希望进入证券行业，除了入股中金外，迄今没拿到券商牌照。

资管方面，2020 年 6 月，蚂蚁金服与国际资管巨头先锋集团（Vanguard）成立了先锋领航投顾，并面向支付宝用户推出了基金投顾产品“帮你投”，投资起点也很低，初始投资金额 800 元，后续投资金额 100 元。

目前看，投顾服务是蚂蚁财富未来最有看点的业务。先锋集团资产管理规模达 5.9 万亿美元，仅 ETF 规模就超过 1 万亿美元。蚂蚁金服的帮你投是否能像余额宝一样成为又一款“网红”产品？帮你投的费率为 0.5%，2 万亿规模可以带来 100 亿元营收，相比基金代销一折的费率而言，收入更高，因此有一定的潜力。当然，这里面还有很多因素，例如，投资者对智能投顾服务的接受程度如何？帮你投对原有的基金代销业务的替代效应有多大？这些都需要交给时间检验。

估值测算：假设资管业务进展良好，财富管理板块 2024 年净利润达到 30 亿元，按 30 倍 PE 计算，其估值为 900 亿元（约 130 亿美元）。

保险业务

保险板块包括保险互助产品“相互宝”、与电商相关的退运险和账户安全险等，此外还有保险代销平台。

这些业务中，相互宝为未来想象空间最大的业务，其价值主要在于导流和保险产品销售。目前相互宝参与人数超过1亿，蚂蚁金服按照赔付额的8%收取管理费，2019年收取管理费约2.4亿元。中信证券预计，2020年收取管理费10亿元。

蚂蚁金服还持有国泰产险、信美人寿、众安保险的股权，并持有保险经纪牌照。不过，前两家公司业务主要依赖蚂蚁金服和阿里系，没有太多独立性。众安保险股东里既有腾讯，也有平安，决定了这只能是蚂蚁金服的一笔战略投资。

因此，蚂蚁集团的保险业务短期内仅有导流价值，与美国国际集团这种跨国保险及金融机构相比有较大差距。

估值测算：保险业务目前仍然处于亏损期。假设2024年能实现20亿元人民币净利润，按30倍PE估值，则为600亿元（约85亿美元）。

◉ 征信及技术输出板块

除了上述四大业务外，蚂蚁金服还有以芝麻信用为主的征信板块，可以对标的美国个人征信三大巨头Experian、Equifax、TransUnion估值分别为317亿美元、197亿美元、170亿美元。本来，拿到个人征信牌照的话，蚂蚁征信有望成为一家百亿美元独角兽。不过，百行征信成立，宣告互联网巨头与个人征信牌照无缘。芝麻征信未来也无法从事金融类征信服务，其转型方向企业征信想象空间不大，对其2020年合理估值不高于50亿美元。

在技术输出板块，蚂蚁金服涉及领域包括区块链、人工智能、安全和金融云等领域，目前看，大都处于技术准备期和业务培育期，短期内难以贡献收入。基于这一认识，对征信及技术输出板块

2024年整体估值展望不超过100亿美元。

整体来看，蚂蚁金服各板块中，信贷业务、支付业务和财富管理业务构成蚂蚁金服的净利润主要来源和估值支撑，公司本质仍然是互联网金融公司。2020年各业务板块净利润预计211亿元，按30倍PE计算，蚂蚁金服的整体估值为6 680亿元人民币（约955亿美元）；2024年净利润有望达到362亿元人民币，按30倍PE计算，其合理估值为11 573亿元人民币（约1 653亿美元）（见表13-1）。

表13-1 蚂蚁集团五大业务估值（预测）

板块	2020年（亿元人民币）		2024年（亿元人民币）	
	净利润	估值	净利润	估值
支付业务	50	1 500	87	2 623 （约375亿美元）
信贷业务	150	4 500	225	6 750亿元 （约960亿美元）
财富管理业务	11	330	30	900亿元 （约130亿美元）
保险业务	亏损	—	20	600亿元 （约85亿美元）
征信及技术输出	—	不高于350亿元	—	不高于700亿元 （100亿美元）
合计	211	6 680	362	11 573 （约1 653亿美元）
净利润及估值根据以往业绩推算				

但是，蚂蚁金服上一轮估值已经达到1 500亿美元，此次上市预期估值2 000亿美元，显然，其估值并不是按照30倍PE计算的。如果我们将估值倍数上调至70倍，则2020年估值2 110亿美元；2024年估值达到3 620亿美元。这基本接近蚂蚁金服给出的估

值预期。

问题是，全球证券市场上有几家70倍PE的金融公司呢？蚂蚁金服将名字改为蚂蚁集团，难道估值会因此翻倍吗？

招商银行现在静态市盈率9.5倍，市值8 800亿元人民币，假如现在改名为“招商科技集团”，投资人会以20倍PE的估值买入吗？如果不会，那蚂蚁金服70倍PE估值的背后逻辑是什么？两年前，即便是认为蚂蚁金服处于估值洼地的巴克莱，在大胆预测蚂蚁金服2019年盈利将达到55.3亿美元（约387亿元人民币）的情况下，还是非常谨慎地参考腾讯2019年的30倍市盈率，给蚂蚁金服1 550亿美元的估值（28倍市盈率）。

事后证明巴克莱的谨慎是有道理的。蚂蚁金服的实际业绩远远低于预期，可能到2024年，蚂蚁金服的净利润都很难达到55亿美元。如果当初巴克莱给蚂蚁金服70倍PE，今天必定会成为圈内笑柄。

短期看，蚂蚁金服估值泡沫化是有可能的，但从中长期看，其估值水平将回归常识，回到与其业务本质相符的水平。

我们认为，未来，蚂蚁金服的估值将面临两个主要挑战：

1. 信贷业务的天花板在哪里？

蚂蚁金服净利润严重依赖信贷业务，这就引申出一个问题：借呗、花呗的增长天花板在哪里？

继2017年底要求蚂蚁金服压缩ABS发行量、降低杠杆率之后，2020年7月央行再次发文，要求统计银行与蚂蚁金服之间联合贷款的规模、逾期率等数据。这再次引发市场对联合贷款风险的警觉。

蚂蚁金服目前的联合贷款规模接近1万亿元，占市场总规模的一半。继续保持高速增长的话，其风控模型是否能继续有效？考虑到 2018 年至今，现金贷共债风险带来的信用卡逾期率大增的教训，联合贷款作为同样面向次贷人群的信贷产品，如果出现大规模逾期，必然会引发系统性风险，美国 2008 年次级房贷危机是前车之鉴。这就决定了，蚂蚁金服联合贷款规模扩张极大地受制于监管的不确定性。

2. 技术输出的前景

蚂蚁金服一直希望将自身塑造成一家科技公司，而不是金融公司，并将技术输出作为公司的未来目标，会成功吗？

现实情况是，金融科技赚钱很难，要不然蚂蚁金服也就不需要顶着监管压力拼命放大贷款规模了。原因很简单，一个是金融科技公司的大部分应用主要侧重于提高创收，风险防控能力不足。而银行对风险管控和信息安全的要求，远远大于对金融科技引入的需求。这是主要矛盾。另一个原因是收费难，具体表现在大银行喜欢“内循环”，自给自足，大银行基本都有科技子公司，确保自主可控是银行发展金融科技的优先项；中小银行金融科技预算不足，付费意愿更低。

金融科技公司在 PPT 上总是把市场画得很大，最后能落地的很少。

平安集团的金融科技平台金融壹账通截至 2019 年末签下了 3 707 家客户，包括中国所有主流银行（6 大国有银行及 12 家全国性股份制银行）、99% 的城商行和 46% 的保险公司，客户数量比蚂蚁金服高很多，可是一直在亏损。2019 年，金融壹账通一个普通客户平均客单价只有 2.2 万元，不够支付一个技术人员的月薪收入，如何实现可持续发展？

无论是金融壹账通还是蚂蚁金服，金融科技输出业务都是赔钱赚吆喝，要靠贷款业务盈利补贴，一个赚了面子，一个赚了里子。

这个策略是否一直行得通？很难说。

无论是花呗还是借呗全部为线上申请、自动化审批和放款；两者皆为信用贷款，无抵押物；蚂蚁金服风控审批会参考芝麻信用分，根据用户在支付宝和阿里系电商平台上的交易数据和行为数据等授信。借呗采取白名单邀请制开放给特定用户使用。在联合贷款模式中，银行在风控中也会参考央行个人征信信息。发生逾期后，未偿还本金贷款利率按放贷利率提高 50%；如逾期严重则会委托第三方催收机构贷后管理，同时录入芝麻信用，严重者会冻结支付宝账户，并上报央行征信；此外，对于严重拖欠客户也会采取诉讼手段。

第十四章

金融科技盈利幻觉：平安金融壹账通的助贷模式可持续吗？

金融科技是不是一种可持续的商业模式？

首先要承认，回答这个问题是困难的。从国内外来看，金融科技过去十年来一直是个时髦的概念，以至于连做小贷、P2P 的都毫不客气地将自己标榜为“Fintech”(最新的流行用法是“Techfin”)；但从实践看，金融科技的可持续性很值得怀疑，或者说，到目前为止，金融科技还无法证明自身的持续盈利能力。

国内已有多家赴美上市的金融科技公司，例如平安旗下的金融壹账通、360 金融、乐信、融 360 旗下的简普科技、积木集团旗下的品钛，但从盈利来源看，这些公司大多依靠放贷或（兜底式）助贷业务为生，单纯依靠技术输出赚钱的模式目前都是亏损的。

从国外来看，也鲜有成功案例。曾被视为欧洲金融科技神话的 Wirecard 在 2020 年夏天爆出财务造假丑闻，《金融时报》报道称，该公司审计报告显示，其核心业务近年实际亏损越来越大。可见，光鲜外表下，很多金融科技公司实质是中看不中用的绣花枕头。

为什么金融科技难盈利？平安旗下金融壹账通是一个很好的例子，这家平安集团旗下的金融科技平台是含着金汤匙出生的，内部有集团的资源扶持，外部则有软银等明星风投的加持。不过，过去三年里，金融壹账通一共亏损了 42 亿元，而且也没有扭亏为盈的迹象。

为什么会这样？问题又出在哪里？

⊙ 金融壹账通是谁？

金融壹账通是平安集团孵化的四家科技“独角兽”之一，其前身为平安金融科技咨询公司。2015 年 8 月，平安一账通、前海征信、银行一账通三大业务整合。在此基础上，2015 年 12 月，金融壹账通正式成为平安旗下的金融科技独立子公司。

2018 年 1 月，金融壹账通完成 A 轮融资，12 家投资者以 7.5 美元每股的价格认购金融壹账通近 1 亿普通股股份，投后估值 75 亿美元。

2019 年 12 月 13 日，金融壹账通赴美上市，发行价 10 美元，市值为 36 亿美元，不足 A 轮估值的一半。

目前，金融壹账通的股价为 25.7 美元，市值 95 亿美元，已经超过了 A 轮投资者的成本线。

金融壹账通的具体业务是什么呢？

招股书中披露得很详细，金融壹账通的定位是平安集团旗下金融科技服务平台，为银行、保险、投资等全行业金融机构提供智能获客、智能营销、智能风控、智能运营等端到端的解决方案。截至 2019 年 12 月 31 日，金融壹账通共拥有 3 707 家客户，客户涵盖中国所有主流银行（6 大国有银行及 12 家全国性股份制银行）、99% 的城商行和 46% 的保险公司。

金融壹账通的业务主要分为五大板块：实施服务、业务发起服务、风险管理服务、运营支持服务、实施后支持服务。

实施服务是指为客户提供软件定制化开发服务。

截至 2017 年末、2018 年末和 2019 年末，金融壹账通实施服务收入分别为 5 074 万元、2.96 亿元、5.71 亿元，在各年度总收入中占比分别为 8.7%、21%、24.5%。

2020 年一季度，实施服务收入为 1.39 亿元，占比 24%。

业务发起服务指金融壹账通为金融机构提供贷款解决方案（助贷）。贷款解决方案包括业务发起服务（获客）、贷后管理服务以及担保服务。不过，2018 年 1 月后，金融壹账通不再提供担保服务，变成向借款人推荐购买保险。这涉及两种贷款模式：前者是担保模式，后者是无担保模式。在担保模式下，金融壹账通向借款人收取费用；在无担保模式下，金融壹账通向保险公司收取费用。

截至 2017 年末、2018 年末和 2019 年末，金融壹账通业务发起服务收入分别为 4.51 亿元、5.55 亿元、7.71 亿元，在各年度总收入中占比分别为 77%、39%、33%。2020 年一季度，业务发起服务收入为 1.81 亿元，占比 31%。

风险管理服务主要包括信贷风险评估、身份认证服务、保险损失评估中的风险管理服务以及反欺诈服务。在风险管理服务中，金融壹账通基于客户的使用量收取固定费率。

截至 2017 年末、2018 年末和 2019 年末，金融壹账通风控管理服务收入分别为 8.6 万元、2.05 亿元、3.27 亿元，在各年度总收入中占比分别为 0%、14.5%、14%。2020 年一季度，风控管理服务收入为 0.82 亿元，占比 14%。

从收入占比看，金融壹账通风控管理方案的市场推广并不顺利。这也是当前很多中国金融科技公司面临的共同困境，所谓的风控评估业务口号喊得响亮，但除了销售数据外，很难为机构带来实质性的收入或利润。

运营支持服务主要包括短信服务、呼叫服务和保险损失评估服务、资产监控及咨询服务。

截至 2017 年末、2018 年末和 2019 年末，金融壹账通运营支持服务收入分别为 5 110 万元、3.09 亿元、5.83 亿元，在各年度总收入中占比分别为 8.8%、21.9%、25%。2020 年一季度，运营支持服务为 1.64 亿元，占比 28%。

实施后支持服务即实施后维护服务和实施后云服务，例如计算服务、存储、服务器和带宽等。该板块收入占比不大。

营收增长的短暂幻觉

金融壹账通过去几年的业绩并不好。

过去三年，金融壹账通累计亏损近42亿元，把A轮投资者的7.5亿美元快亏光了，现在看亏损还没有结束的迹象。

金融壹账通2017年、2018年和2019年的收入分别为5.82亿元、14.13亿元、23.28亿元，净亏损分别为6.07亿元、11.96亿元和16.61亿元；2020年一季度，金融壹账通收入5.81亿元，净亏损4.15亿元。

有几个方面显示金融壹账通的业务不乐观：

1. 成立以来持续亏损，且没有明显改善迹象

过去三年多，金融壹账通累计亏损人民币40多亿元，而且从营收和亏损数据看，金融壹账通上市后的亏损步伐仍然没有放缓（见图14-1）。2017—2019年，金融壹账通每实现1元钱的营业收入，就会产生1.04元、0.85元、0.71元的亏损。2020年一季度，金融壹账通的亏损和营收比仍然是0.71。

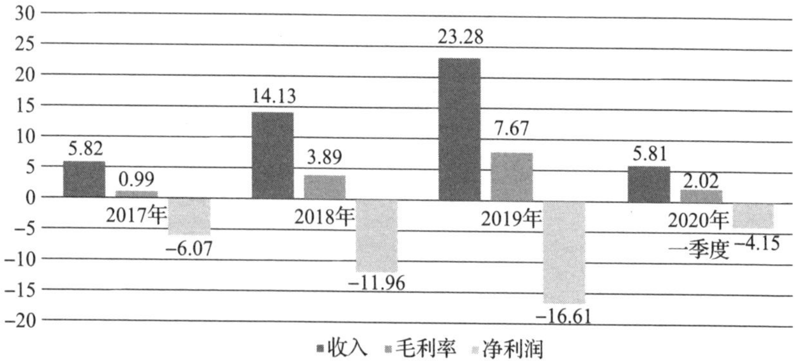

图14-1　金融壹账通收入和净利润变化（单位：亿元）

一些互联网科技公司常说，要容忍扩张期的战略性亏损。话是不错，但金融壹账通的客户已经涵盖了所有大行和股份行，99% 的城商行以及 46% 的保险公司，已经不存在客户数量扩张的问题了，依然无法盈利，说明这个模式存在某些硬伤。

2. 收入过于依赖大股东

金融壹账通从成立之日起，收入主要来源于大股东平安集团和兄弟公司陆金所。

截至 2017 年末、2018 年末和 2019 年末，金融壹账通来自平安集团及陆金所的助贷服务收入占总收入的比例分别为 70.6%、64% 和 57%。2020 年一季度，金融壹账通来自平安集团和陆金所的收入占一季度总收入的 53.5%，来自第三方的收入占 46.5%（见图 14–2）。

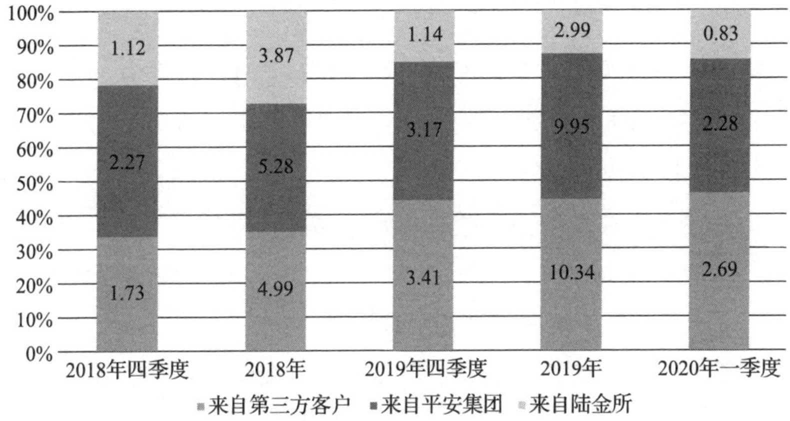

图 14–2　金融壹账通收入来源变化（单位：亿元）

从占比看，金融壹账通对大股东的依赖确实有所降低，但依然没有根本上改变依靠母公司的问题。而且这里面还有个更复杂的问题：金融壹账通的第三方客户是如何定义的？平安集团和陆金所的关联客户占比多少？

金融壹账通采取先免费、根据实际使用量付费的策略，获取了数千家名义上的基本客户，但实际收入相当有限（见图 14-3）。

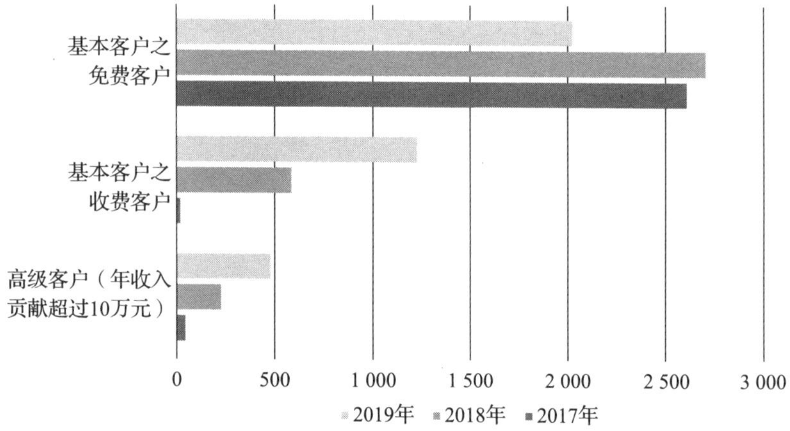

图 14-3 金融壹账通付费及免费客户数量

2017—2019 年，金融壹账通的客户总数分别为 2 654 家、3 493 家、3 707 家，高级客户（贡献年收入超过 10 万元）分别为 40 个、221 个和 473 个。

2018 年，高级客户贡献收入 8.65 亿元，平均客户单价 391 万元；2019 年，高级客户贡献收入 13.06 亿元，平均客单价 276 万元。新增客户的单位贡献值下降较快。

需要指出的是，高级客户里面包括陆金服集团，以及平安集团转介的部分客户。剔除这部分收入，其高级客户的收入增速会更低。

基本客户方面，2017 年，金融壹账通有 2 614 个基本客户，其中免费客户 2 599 个，占比 99.4%；收费客户 15 个，收入 100 万元，平均单个客户贡献 6.7 万元。

2018 年，基本客户 3 272 个，免费客户 2 692 个，占比 82.3%，收费客户 580 个，收入 2 060 万元，单个客户平均贡献 3.6 万元。

2019 年，基本客户 3 234 个，其中免费客户 2 014 个，占比降低到了 62.3%。收费客户 1 220 个，收入 2 730 万元，平均单个客户贡献 2.2 万元。

可见，金融壹账通真正高价值的客户主要来自平安集团、陆金所，以及部分通过收购获得的客户，其余数千名基本客户至少目前看都是“陪太子读书”，数字好看但收入无法覆盖成本。

正如金融壹账通在 2019 年财报中坦言的那样，过去，公司通过收购或平安集团转介获得了一些客户，但未来可能无法再以相同的速度发展客户。

金融壹账通的难题其实也是全世界金融科技企业所面对的共同魔咒，to B 的金融科技业务貌似光鲜亮丽，实际上叫好不叫座。大部分金融科技公司靠不停地融资去抢占市场，以巨额亏损换市场，本质上是难以持续的创业模式。

当然，很多金融科技创业公司在资本推动下，大都寄希望于通过 IPO 实现退出，对是否盈利并不在乎。要上市，一个美丽的故事显然比短期的业绩更容易吸引投资人。

为了让业务更好看，金融壹账通在 2019 年上市前进行了多起收购。其中一家是北京泛鹏天地科技有限公司（Vantage Point，主要提供资产管理解决方案），这家公司 2019 年大约为金融壹账通贡献了 1 亿元左右的收入。

2019 年 6 月，金融壹账通还收购了一家场景金融服务提供商——北京宝润兴业科技股份有限公司。公开信息显示，宝润兴业致力于为商业银行提供“咨询 + 平台搭建 + 场景运营”的全流程一体化服务，迄今已服务了 18 家商业银行，包括 7 家国有大行与股份制银行，累计服务 4 200 万 C 端客户和超过 200 万商户。宝润兴业 2015 年 11 月挂牌新三板，不过其业绩一直乏善可陈。公司 2017 年和 2018 年分别实现营业收入 7 836 万元、6 082 万元，净利润则只有 413 万元和 167 万元。

2019 年 8 月，金融壹账通通过收购 View Foundation 间接控制数字认证机构深圳市电子商务安全证书管理有限公司（深圳 CA）。公开信息显示，深圳 CA 成立于 2000 年，其合作客户包括建设银行、招商期货、安信证券、天风证券、招银国际等持牌金融机构，以及深圳社保局和深圳、惠州、中山等地住房公积金管理中心等。

金融壹账通的这些并购行为，一方面扩大了营收规模，让上市财务报表更加好看；另一方面，收购公司带来了大量第三方客户，这也是金融壹账通一直试图说服投资人的一点：公司客户逐渐变得多元化。

但是，这些收购标的的软肋是，自身盈利能力有限，即便并入金融壹账通，也无助于整体盈利能力的提升。

压缩成本能解决现金流困境吗？

金融壹账通的现金流状况亦不佳。

截至 2017 年末、2018 年末和 2019 年末，金融壹账通经营活动净现金流入分别为 -2.28 亿元、-4.89 亿元和 -18.17 亿元；投资活动产生的净现金流分别为 11.25 亿元、59.99 亿元、-5.71 亿元；融资活动产生的净现金流为 17.55 亿元，主要来自 IPO 募集资金。

截至 2020 年一季度，金融壹账通经营活动净现金流入为 -5.89 亿元，比上年同期略有下降，一季度末金融壹账通持有的现金及现金等价物为 15.63 亿元人民币，同比减少 90%。这说明，金融壹账通经营活动导致的现金流出压力不断增大，随着规模的扩张，始终无法产生正向现金流，对金融壹账通来说是致命的。这意味着，金融壹账通自身造血能力不足，可持续发展存疑。

从 2019 年年报和 2020 上半年看，金融壹账通为了扭转亏损加大、现金不断流失的局面，采取了不少止血措施，其中最重要的就是压缩成本。

一方面，压缩研发成本和营销成本，具体表现为：

2019 年，金融壹账通的研发成本由 2018 年占收入的 58% 降至 2019 年的 49%，2020 年一季度，研发成本占营收的比例为 41%。

营销开支由 2018 年的占比 31% 降至 2019 年的 27%；2019 年四季度，营销成本进一步降至营收的 21%，比 2018 年四季度（44%）降低一半多；2020 年一季度，营销成本反弹，占营收比重为 26.8%。

行政开支方面，则由 2018 年的 37% 降低至 2019 年的 33%；2020 年一季度，行政开支占营收比重维持在 33%。

另一方面，2020 年初开始，金融壹账通采取措施精简人员、降薪，进一步降低运营成本。据“界面新闻”报道，金融壹账通支出成本过高，公司经营持续亏损，是让平安出手“止血”的主要原因。

裁员也好，削减研发投入也好，短期内确实可以减少亏损，但要解决盈利和持续发展问题，只能靠开源。目前金融壹账通对此似乎并无良策。

金融壹账通的负责人曾经有过一个有争议的说法：如果公司停止研发投入，可以立即盈利。试问一下，一家主打金融科技概念的公司，放弃研发投入，是准备做一家纯粹的销售公司吗？

谷歌、亚马逊、苹果、华为这些科技公司都以高研发投入知名，也因此实现了从亏损到盈利的进化，但还没有一家科技公司是靠削减研发费用实现长期盈利的。

助贷模式为什么失败了？

金融壹账通连续亏损根源在于自身造血功能不佳，而后者则与其主营业务模式有关。

金融壹账通的主要业务收入来源于助贷（业务发起服务）和风控服务收入，包括获客、贷后管理和担保等，且这部分收入主要来源于平安集团和陆金所。

2018 年以前，金融壹账通曾尝试过自营贷款（2017 年）及为银行助贷，壹账通兜底的联合贷款模式（2017—2018 年）。2018 年之后，为了合规及上市，金融壹账通开始尝试去担保的助贷模式，即壹账通作为中介方，一端对接银行（城商行、农商行等）资金，另一端对接互联网金融公司、小贷公司等资产方，同时引入第三方保险公司提供保障。

截至 2017 年末、2018 年末和 2019 年末，金融壹账通业务发起服务收入分别为 4.13 亿元、5.55 亿元、7.71 亿元，在各年度总收入中占比分别为 70.9%、39.3%、33.1%（见图 14-4）。2020 年一季度，业务发起服务收入 1.81 亿元，占比 31.2%。

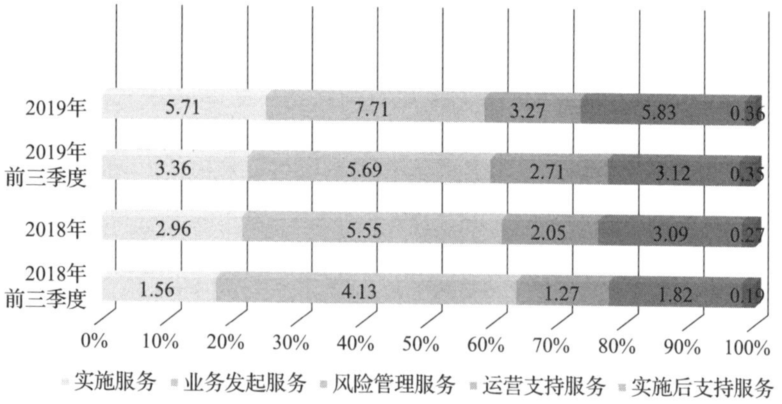

图 14-4　金融壹账通收入构成（单位：亿元）

风险管理服务主要包括信贷风险评估、身份认证服务、保险损失评估中的风险管理服务以及反欺诈服务。在风险管理服务中，金融壹账通基于客户的使用量收取固定费率。

截至2017年末、2018年末和2019年末，金融壹账通风控管理服务收入分别为8.6万元、2.05亿元、3.27亿元，在各年度总收入中占比分别为0%、14.5%、14%。2020年一季度，风控管理服务收入为0.82亿元，占比14%。

过去三年，助贷与风控收入两部分占总收入的比例为50%～60%。

贷款和助贷业务是否顺利？金融壹账通在招股书中披露了部分信息。

招股书显示，2018年1月底之前，为了测试其信贷模型，金融壹账通同意以购买客户不良贷款的方式提供增信服务。这些贷款期限通常为3年，截至2018年12月31日和2019年9月30日、2019年12月31日，金融壹账通的担保余额分别为13.49亿元、7.86亿元和4.67亿元。

壹账通的这一业务策略为其带来了较大损失。2019年年报显示，2018年，壹账通因为担保损失2亿元人民币，占担保余额的14.83%；2019年，壹账通因为担保损失1.37亿元人民币，占担保余额的29.34%。壹账通2017年开始的兜底式助贷业务大约开展了一年，账期三年，整体坏账率30%左右。

这些数据说明什么呢？是金融壹账通的信贷模型不可靠还是小额信贷市场风险过高？

对比同时期的其他助贷机构，微众银行、蚂蚁金服、乐信这些公司2017—2019年都获得了不错的利润，只有金融壹账通出现了巨大坏账，这足以说明，金融壹账通的信贷模型经过验证是不可靠的。

2018年后，金融壹账通的助贷模式转向纯平台模式，一端连接消费金融机构，一端连接银行资金，并引入保险公司为贷款提供信用保证险。这个模式将金融壹账通原本承担的兜底风险转移到了保险机构身上，可持续吗？

2020年5月，人保财险信用保证险业务因为出现了大幅亏损紧急刹车，其中与玖富数科的未偿费用高达23亿元，双方还互相发起了诉讼。而撮合双方合作的平台方恰恰是金融壹账通。

无论是重资产助贷模式，还是轻资产助贷模式，金融壹账通似乎都受挫了。

《商业银行互联网贷款管理暂行办法》出台后，金融科技公司的助贷业务获得合法身份的同时，也面对更多挑战。以金融壹账通为代表的金融科技平台需要面对两个考验：通过缴纳风险准备金争夺助贷业务市场份额的重资产模式还能持续多久？技术输出的轻资产模式是否有竞争力？信贷模型是否可靠？

目前看，金融壹账通还无法给出明确的答案。

陆金所的两大敌人

金融科技的盈利幻觉不只是金融壹账通面对的难题，它的兄弟公司陆金所同样困难重重。

陆金所是个优秀的企业：人才济济，管理严谨。它的几次战略调整也都很有智慧。而且，它占尽了平安的优势和PE市场对它的热情款待。可惜，它的成功将大打折扣，因为它遇到了无法对抗的两大敌人。

任何人都不是神仙。2011年成立之时，中国还在“快速加杠杆”的年代，谁也没有想过信贷过剩和次贷危机。陆金所（和平安集团）都没有料到坏账和信贷过剩会有一天会成为天敌。

第一，中国的司法体系在次贷面前显得无能为力。信贷的坏账和基金销售中出现的违约正在煎熬着陆金所。

第二，信贷过剩。迟至2019年甚至2020年，少数中国分析师才开始意识到信贷并不是越多越好，而且政府的政策还是“加杠杆”。2020年5月和6月，国内信贷总额跟上年同期相比，均录得13%的增长率，这也是近年来的最高增速。

中国的信贷严重过剩，这是本书的核心观点之一。陆金所和金融壹账通的名不符实是一样的，而且陆金所多两个头疼的问题：一是P2P结业后几百亿元的刚性兑付如何处理；二是它的PE估值泡沫怎么解决。

现在的陆金所是一个什么样的公司呢？把P2P关掉以后，留下了几百亿元可能上千亿元的待收余额。这需要未来好几年才能够全部归还。有可能需要平安集团的救济，打掉牙往肚子里咽。

陆金所剩下的业务首先是理财产品和保险产品的分销。这些业务不管有多大规模，都没有办法赚太多利润。

其次是助贷业务，帮助银行和信托公司发放次级贷款。这项业务实际上是受到资本金约束的。不管你为银行和信托公司兜底还是不兜底，或者买信用保证保险，它都受到资本金总额的限制。而且，做这种高风险的贷款，难道你真的比信托公司和银行的风险控制能力更强吗？

你凭什么比它们强呢？这是一项信贷业务，而且可以说是一项风险比较高的次贷业务，利率也比较高，单笔金额比较大。这项业务怎么估值呢？这就是一个普通的信贷机构（比如财务公司）的估值：1倍净资产，或者6～8倍市盈率？这就是长期以来金融机构在欧美和亚洲的估值——除非你的ROE特别高。可是怎么可能高太多呢？

最后就是作为一家消费金融公司。陆金所有牌照，但它是一个很小的消费金融公司：50亿元人民币的注册资金。它能做多少业务呢？就算放到10倍杠杆率，也就是500亿元的信贷总额而已。消费金融公司也是金融企业，它的估值就是账面净资产上下。

好吧，陆金所管理得非常好，你比招商银行的估值还要高，就算你2.5倍市净率，也就是2.5倍的净资产，这又怎么样？早期的PE投资者接受了高得多的估值，现在一定会亏损。这并不是谁的错。当年，全世界对P2P平台都有无限的联想，估值很高，这也说得过去。可是，在脆弱的法律基础上建不起P2P平台，这是我们最近两年才发现、才理解的。其实，即使在欧美国家，法律严格，P2P行业也基本上都崩溃了。在中国，还有另外一个问题，就是我们的消费信贷和小额贷款过剩。在次贷危机之中，次贷机构会首当其冲。惊回首，陆金所正是平安集团的次贷平台。

有人说，如果陆金所获得了互联网银行牌照，可否做成微众银行？我们很怀疑。

在全世界范围内，互联网银行的日子都过得非常难受。但是微众银行过得好，不是因为它有互联网银行的牌照，而是因为它有贷款的抓手，在小额和分散的情况下，它的抓手（QQ、微信和微信支付）是足够的，但是单笔金额如果提高太多，它的抓手就失效了。

陆金所下辖几个金融资产交易所。金融资产无非是股权和债权，可是股权交易所已经被沪深股市占尽了风头，连新三板也只是奄奄一息。此外还有北京、山东等地的金融资产交易所在竞争。

所以陆金所就只能做债权交易所。有贷款资产的人把贷款资产放到平台上去，卖给其他需要贷款资产的人，收平台费，雁过拔毛。听起来很性感。可是，笔者在山东金融资产交易中心当了两年的董事后，发现这个模式根本走不通。为什么呢？一笔债权资产或者贷款资产，放在平台上想卖给一个陌生人，这个陌生人对这笔资产的背景和风险程度毫不知情，凭什么要买它呢，除非交易所担保。

这个模式不仅在中国不行，在法律十分严格的欧美市场也是不行的。对散户不行，对机构也不行。欧美国家的投资银行的定息产品业务叫 FICC（fixes income，currency and commodities），确实有巨量的贷款产品、债券、衍生品换手，但是它们也是以标准化的产品为主。而且，它们本身就是银行间债券市场的一个部分。中国也有一个巨大的银行间交易市场。而陆金所控制下的交易各方以散户为主，并非银行间交易市场的一个部分。

第十五章

微众银行：互联网流量巨头的泡沫难复制

微众银行微粒贷的成功仅仅是互联网流量巨头在金融领域的又一次“赢者通吃”效应，其优势和经验不具有可复制性。

2019年底，资本市场上流传出微众银行接受上市辅导的消息。推介材料显示，成立5年的微众银行将争取2020年在A股IPO。2019年，微众银行预计利润超过100亿元（未扣除坏账计提数字），估值约1 100亿元人民币。材料认为，微众银行2020—2023年净利润分别为81亿元、126亿元、175亿元、240亿元。按30倍PE估值，2023年微众银行估值有望达到7 200亿元。

当然，这份报告对于微众银行业绩及估值的预测过于乐观了。以2019年为例，报告预测微众银行净利润为45亿元，但实际为39.5亿元，低于预期12%。此外，未来几年，在金融监管和经济环境变化下，微众银行是否还能保持快速增长也具有不确定性。

不过，微众银行的确是民营银行中的一匹黑马。

从营收和利润数字看，2015—2019年，微众银行营业收入分别为2.26亿元、24.49亿元、67.48亿元、100.3亿元和148.7亿元；拨备前营业利润分别为-4.91亿元、11.33亿元、39.79亿元、53.5亿元、96.72亿元；净利润分别为-5.84亿元、4.01亿元、14.48亿元、24.74亿元、39.5亿元。

2019年，我国已上市的大型商业银行营业收入平均增速不到10%，净利润平均增速约为6%；已上市股份制商业银行营业收入平均增速16%，净利润平均增速12%。

从不良率来看，微众银行的资产质量也非常不错。

2016—2019年，微众银行不良率分别为0.32%、0.64%、0.51%和1.24%。2019年，招商银行、平安银行、中信银行的信用卡不良率分别为1.35%、1.66%和1.74%，交通银行、民生银行以及个人消费信贷增速较快的渤海银行信用卡不良率均超过了2.3%。

微众银行是如何做到的？

微众银行的成功，主要受益于三个因素：互联网巨头的流量支撑；聚焦小额短期消费信贷；完全立足线上、依靠科技驱动。

近12亿活跃用户实现低成本获客

微众银行成立于2014年12月，是国内首批试点的5家民营银行之一，股东包括腾讯、百业源和立业等多家企业，其中腾讯占比30%。微众银行最初资本金为30亿元，2016年9月增资12亿元，注册资本变为42亿元，腾讯仍为最大股东。

和其他民营银行相比，微众银行最显著的优势是背靠腾讯QQ和微信的逾十亿活跃用户。据腾讯2019年财报披露，微信及WeChat的合并月活跃账户数11.65亿，QQ智能终端月活跃账户数6.47亿。

基于海量的用户及此前积累的社交、交易和行为数据，微众银行轻松做到了近乎零成本获客。更重要的是，由于客户基数够大，微众银行还可以运用大数据算法层层筛选，挑选出最上层作为白名单客户。

2015年，微众银行的拳头产品“微粒贷”上线微信九宫格和QQ金融服务，开启了社交流量的变现之路。截至2019年末，微众银行服务个人客户超过2亿，管理贷款突破4 400亿元；2018年末，微众银行的有效客户数超过1亿；2017年末，微众银行授信客户 3 400 万，实际贷款客户 1 200 万。

可见，微众银行的突飞猛进实际得益于腾讯的良好流量基础，相比于一般的互联网产品，微众银行的微粒贷直接跳过了从 0 到 1 的冷启动阶段，成立不久就进入了从 1 到 10 的指数级增长阶段。

从某种程度上讲，微粒贷的成功是互联网流量巨头在金融领域的又一次“赢者通吃”效应，其优势和经验并不具备可复制性。

小额短期信贷为主

从业务层面看，微众银行主要有三大业务板块：大众银行、场景银行和直通银行。大众银行是面向个人的普惠金融，主要产品为微粒贷、微账户；直通银行是面向企业的小微信贷，主要产品为微业贷；场景银行是微众银行尝试从社交场景向更多元化的消费场景拓展，主要产品为微车贷、微租贷等。

微粒贷 2015 年 5 月上线，微车贷 2015 年 9 月上线，微业贷 2018 年上线。微粒贷是微众银行的主要产品，也是其盈利主要来源，微车贷和微业贷占比都不大。

2020 年一季度末，微众银行披露数据显示，微众银行小微企业“银税互动”贷款余额占全国近 10%，同期国内“银税互动”贷款余额约 5 732 亿元，由此可以推算出，微众银行小微企业贷款余额约 600 亿元，其中信用类贷款余额约 470 亿元。

2019 年末，微众银行各项贷款余额 4 400 亿元，其中表内贷款 1 630 亿元，小微企业贷占贷款总量的 13.6%，八成以上的贷款为小额短期的微粒贷。

而微粒贷笔均借款约 8 000 元，超七成借款人使用周期只有一个月，且大专及以下学历、从事非白领服务业的客户占比超过

80%。这也符合现金贷行业的基本特征：短期、小额、高频、用户以五环外年轻人为主。

微粒贷的最大特征是轻资产模式，即微众银行并不是单纯依靠股东的资本金和存款放贷，而是开创了线上联合贷款模式。在这种模式下，微众银行作为一个连接器，一端连接合作银行机构，一端连接借款人，微众银行与合作银行按 2∶8 比例出资共同放贷（后来出资比例下调至 1∶9），利息收入则按 3∶7 分成，多收的 10% 相当于微众银行收取的导流费或连接费。

这种联合贷款方式巧妙地避开了微众银行自身资本金不足的弱点，相当于变相提高了杠杆。按照微粒贷 2019 年放贷规模接近 1.8 万亿元人民币计算，其杠杆率是相当高的（见图 15-1）。

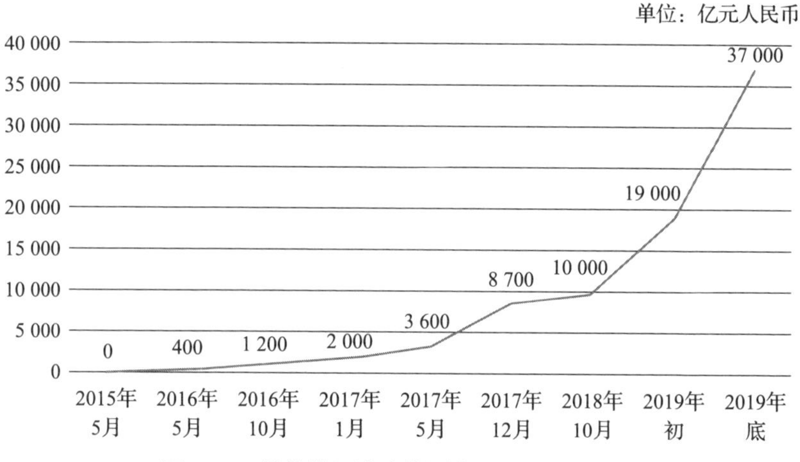

图 15-1　微粒贷累计放贷规模（2015—2020 年）

通过联合放贷模式，微众银行将信贷资产大量出表。截至 2018 年末和 2019 年末，微众银行表内贷款余额分别为 1 198 亿元和 1 630 亿元，表外贷款余额（银行等持牌机构名下）分别为 1 802 亿元和 2 770 亿元（见图 15-2）。

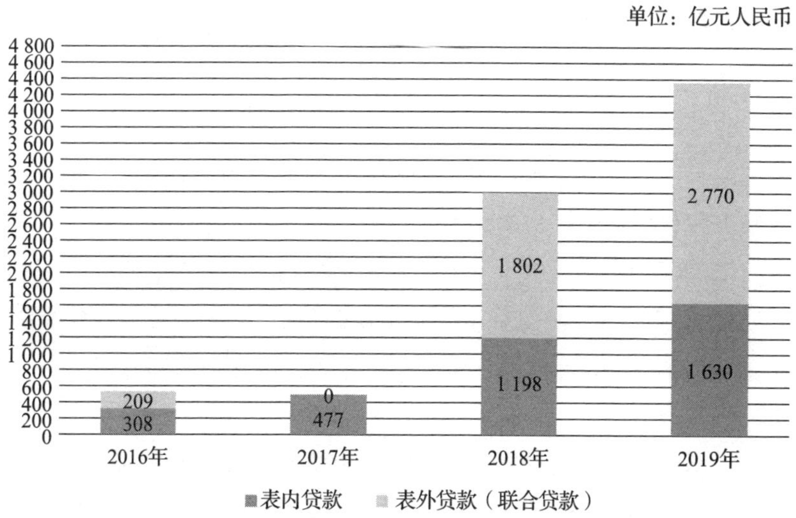

图 15-2　微众银行贷款余额分类及变化（2017—2019 年）

这个规模有多大呢？可以对比一下，截至 2019 年末，四大行中个人消费贷款余额最高的工商银行，也不过 1 900 亿元左右，不到微众银行的一半。

从贷款余额绝对量看，微众银行目前是仅次于蚂蚁金服的第二大机构。蚂蚁金服旗下花呗、借呗贷款余额在 1.3 万亿左右，其中绝大部分通过助贷和 ABS 方式出表。

⊙ 完全立足线上、依靠科技驱动

微众银行在科技方面的投入比较大。财报显示，2017—2019 年，微众银行研发费用分别为 6.42 亿元、9.83 亿元、13.72 亿元，分别占营业收入比例为 9.5%、9.8%、9.2%，这一比例要高于国内银行业平均水平。

微众银行拥有很多优势，但也有不少软肋。

最突出的是揽储受限。作为没有线下运营网点的互联网银行，微众银行成立之初在吸收存款方面一直不见起色，放贷单靠股东资本金和其他银行资金。2017 年，微众银行的存款只有 53 亿元。不过，2018 年 9 月，微众银行推出了一款创新性的智能存款产品，该产品为 1 ～ 5 年定期存款，但到期之前投资者可随时提前支取，取出本金及利息实时到账。

该产品推出后，大受市场欢迎，再加上 2018 年中 P2P 出现了一波暴雷潮，很多避险资金开始涌入银行存款。到 2018 年末，微众银行的存款余额暴增至 1 545 亿元；2019 年末，存款余额增长至 2 363 亿元。

不过，“智能存款”很快引起监管注意，2018 年底即要求限制此类产品。因此，微众银行的存款规模未来是否能持续增长具有不确定性。此外，“智能存款”的成本在 4% ～ 5% 之间，拉高了负债端的成本，而放贷端的收益在监管要求下又趋于下行，这将导致微众银行未来盈利压力进一步加大。

其次是监管压力。微众银行的微粒贷是一款非常成功的金融产品，但本质上看，微粒贷仍然是一款不具备实际消费场景的现金贷产品。在监管明确要求金融机构将信贷资源更多投向实体经济和小微信贷领域的大背景下，微众银行承受业务转型和多元化的压力。

2019 年上半年，《经济观察报》曾报道称，微众银行的微粒贷主动将年化利率下降了 2 ～ 3 个百分点，但深圳银监局仍对微众银行进行窗口指导，要求其继续降低微粒贷产品利率。

2020 年 7 月底，央行发文要求金融机构上报与互联网大平台联合贷款的规模以及逾期率数据，其中，蚂蚁金服的花呗、借呗以及微众银行微粒贷是重点调查对象。这显示监管对联合助贷的规模风险是比较担忧的。

近两年，微众银行一直在探索小微企业贷和场景消费金融，放贷规模也有较快增长，但整体看占比仍然较小。和微粒贷相比，微业贷、微车贷、微租贷属于风控逻辑完全不同的信贷产品，且平均放款金额远远超过前者。微众银行此前依赖的社交大数据为主的风控系统是否依然有效？微众银行没有披露这几款产品的逾期和不良数据，但从行业实践看，无论是小微企业贷款还是汽车金融贷款，近两年的违约率都处于较高水平。这必然对微众银行的风控能力和盈利能力构成挑战。

从资产减值损失看，2019 年，公司计提了 55 亿元减值损失，比 2018 年暴增 113%，这是一个值得关注的信号。

最后，微众银行要面对众多持牌和非持牌的互联网巨头的竞争。

早期微粒贷凭借用户和大数据优势以差异化战略在市场上抢跑成功，但随着 P2P 和消费信贷市场出清，银行、持牌消费金融公司以及互联网巨头都开始进入互联网贷款领域。

一个明显的信号是，2020 年开始，国内互联网公司开始争夺互联网信用支付市场。除了此前的蚂蚁花呗和京东白条之外，微信在 2020 年初推出了信用支付产品分付，虽然其瞄准的是蚂蚁花呗，但作为共享客户群的微粒贷很难不受冲击。2020 年 5 月，美团也推出了信用支付产品月付。

2020 年 7 月，字节跳动也拿下一张网络小贷牌照。作为和腾讯并肩而立的“流量帝国”，字节跳动旗下的今日头条、抖音、火山小视频等各个流量平台将成为字节跳动进军小额信贷的绝佳跳板。

在如此激烈的竞争中，微众银行要继续保持规模和利润的大幅增长实在是太困难了。而按照微众银行推荐材料的估值，微众银行即便在 2023 年能实现 240 亿元的净利润，其市值真的可以到 7 200 亿元吗？

参考一下同行，平安银行2019年净利润是281.9亿元，目前市值2 670亿元；上海银行2019年净利润202亿元，目前市值1 150亿元；中信银行2019年净利润480.15亿元，目前市值2 505亿元。

都说没有泡沫的啤酒其口味一定是糟糕的，股市亦是如此；这说法不能说不对，金融科技是可以有一点泡沫的，但当泡沫太大、太多的时候，我们就要当心了，藏在泡沫下面的可能不是啤酒，而是毒药。

本章参考资料：

微众银行2016—2019年年报及微众银行高管公开演讲.

普华永道. 2019年中国银行业回顾与展望.

第十六章

马上消费金融：消费金融还是一个好战场吗？

2020 年 4 月，平安集团旗下的平安消费金融有限公司获批开业，这也被视为陆金所退出 P2P 网贷业务后正式转型消费金融的标志。2020 年 5 月，手机制造商小米消费金融开业；此外，光大银行发起的北京阳光消费金融也获批，四大行之一的建设银行也在申请消费金融牌照。种种迹象显示，消费金融跑道上开始挤进来越来越多的竞争选手。

我们的问题是，消费金融未来十年还是一个好战场吗？

消费金融公司属于非银行持牌金融机构，隶属银保监会监管。和互联网金融科技公司相比，它属于正规军，在牌照为王的中国金融市场上，这是一个巨大的优势。但另一方面，消费金融公司在中国的历史不长，2010 年首批 3 家消费金融公司成立，比 P2P 出现的时间还晚，到现在为止，全国共 29 家消费金融公司获批，数量不到信托公司（68 家）的一半。

和小贷公司、互联网金融科技公司一样，持牌消费金融同样可以归入影子银行范畴，只是受到的监管比较严格。

首先，申请门槛比较高。目前获批的 26 家消费金融公司中 22 家有银行背景，对消费金融公司来说，拥有银行股东有利于获得低成本的融资支持。

其次，杠杆限制。消费金融公司杠杆最高 10 倍，高于传统小贷公司或互联网小贷（大多 1.5 倍至 3 倍），不能吸收公众存款，但可以吸纳股东存款，满足一定条件也可以发行金融债、同业融资或 ABS。

再次，贷款限额限制。向个人发放消费贷款不应超过客户风险承受能力，且借款人贷款余额最高不得超过 20 万元人民币。

最后，有利率上限。发放消费贷款利率不得超过 24%。

国内消费金融公司前三甲是捷信消费金融、招联消费金融和马上消费金融，这三家也是持牌消费金融中各有特色的代表性机构。

其中捷信消费金融是首批试点消费金融公司，也是中国第一家外商独资消费金融机构，过去 10 年一直霸占持牌消费金融机构榜首。2019 年，捷信消费金融母公司捷信集团（Home Credit）在港交所提交上市申请，不过未获通过。

招联消费金融成立于 2015 年 3 月，股东为招商银行与中国联通，两个股东都是财大气粗，背景显赫，不过日常经营由招行系团队主导。

马上消费金融成立于 2015 年 6 月，股东包括重庆百货、中关村科金、物美控股、重庆银行、阳光保险等，重庆百货为持股比例最大股东。马上金融的创始人赵国庆是原京东集团副董事长兼首席战略官，因此可以把马上金融视为电商系或零售系消费金融机构。

过去三年，这三家消费金融机构的业绩见表 16-1：

表 16-1　持牌消费金融公司业绩（2017—2019 年） 单位：亿元

公司	年份	营业收入	净利润	贷款余额	总资产	总负债	不良贷款率（%）
捷信消费金融	2017	132.55	10.2	734.3	878.88	789.15	3.82
	2018	182.16	13.96	846.51	990.75	887.06	3.98
	2019	173.22	11.4	918.65	1 045.63	932.27	3.60
招联消费金融	2017	41.63	11.89	468.29	469.8	423.39	1.24
	2018	69.56	12.53	692.94	747.48	668.55	1.93
	2019	107.4	14.66	881.38	926.97	833.37	2.08（2019.06）

续表

公司	年份	营业收入	净利润	贷款余额	总资产	总负债	不良贷款率（%）
马上消费金融	2017	46.68	5.78	315.64	318	290.19	3.18
	2018	82.39	8.01	389.83	402.62	346.75	3.45
	2019	89.99	8.53	565.4（2019.09）	548.15	540.29	2.69

资料来源：各机构官网及公开披露信息.

从表中可以看出，三家机构的贷款规模和资产规模在过去三年增长较快，伴随的是营收和净利润快速增长。捷信和招联过去三年的净利润都达到了 10 亿元级别，马上稍少一点，也超过了 8 亿元。不过，到 2019 年，除了招联消费金融外，另外两家增长开始放缓，捷信甚至出现了负增长。

不良贷款率方面，三家中，捷信的不良贷款率最高，马上消费金融次之，招联消费金融最低。不过，招联消费金融的不良率增速较快，从 2017 年末的 1.24%，到 2019 年 6 月末的 2.09%，增长 69%。2019 年下半年和 2020 年上半年，消费金融行业整体风险水平进一步上升，招联消费金融的不良率预计会达到 2.5% 以上。

下文以马上消费金融为例，探讨一下消费金融行业的现状和前景。

马上消费金融的小额信贷分为线下和线上两类，线下主要是商品分期，线上除了商品分期外，还有信用分期和循环信用额度，消费场景主要为 3C 数码、教育、医疗美容等行业。马上金融 ABS 发行材料显示，在借款用途中，数码产品贷款占比 62.63%，美容贷款占比 28.23%，购物金额占比 8.11%，教育贷款占比 1.03%（见表 16–2）。

表 16-2　马上消费金融 ABS 资产池贷款用途分布情况

贷款用途	贷款笔数	贷款笔数占比（%）	贷款金额（亿元）	贷款金额占比（%）
数码产品	1 559 124	92.94	11.31	62.63
美容	25 162	1.46	5.09	28.23
购物	94 368	5.48	1.46	8.11
国内教育	1 930	0.11	0.19	1.03
家用电器	24	0	4.93 万元	0
旅游	18	0	3.65 万元	0

资料来源：马上金融 ABS 发行说明书.

马上金融的累计放贷规模大约 4 000 亿元，信贷用户超过 500 万，平均放款额度不大，只有 2 700 元，平均期限 12 个月，年化利率不超过 24%。根据马上消费金融的 ABS 文件，借款人贷款利率分布情况如下：年化利率 10% ～ 15% 区间贷款金额占比最高，为 75.39%；20% ～ 24% 之间贷款金额占比 17.06%；其次为年化利率低于 10% 区间，金额占比 7.51%（见表 16-3）。当然，ABS 的底层资产都是经过挑选后组合起来的，跟整体资产池可能会有差别。

表 16-3　马上消费金融 ABS 初始资产年化利率分布情况

名义年化利率	贷款笔数	贷款笔数占比（%）	贷款余额（亿元）	贷款余额占比（%）
0% ～ 10%	86 138	5.01	1.35	7.51
10% ～ 15%	1 597 965	92.87	13.61	75.39
15% ～ 20%	318	0.02	60.65 万元	0.03
20% ～ 24%	36 205	2.1	3.08	17.06

资料来源：马上金融 ABS 发行说明书.

风险防控方面，马上金融和其他两家消费金融机构一样，主要采用线上大数据风控，根据客户风险评分给予授信。催收手段包括自营催收及委外催收，逾期不还的借款人会报送征信系统，并走司法诉讼途径。但是，考虑到平均贷款金额较小，司法诉讼手段成本较高，效果有限。目前看，消费金融公司基本还是依赖较高利率覆盖风险的模式，机构经营状况受客群质量和市场风险水平的影响较大。

以 2019 年利润最高的招联金融为例，当年计提减值损失高达 71.92 亿元，计提金额占 2019 年末贷款余额的 8%；当年核销 54.53 亿元，占当年末贷款余额的 6.11%。2018 年计提减值损失 42.33 亿元，占当年末贷款余额的 6.16%；核销 33.45 亿元，占当年末贷款余额的 4.87%。

所以，招联消费金融披露的不到 2% 的不良贷款率是假象，真实的坏账已被剥离掉了，从而让财务报表上的不良率数字看上去非常美好。

不过，这些数字游戏不重要。核心问题是，消费金融公司是否可以一直保持稳定盈利？如果客群信用状况大面积恶化，市场会如何反应？消费金融公司可以一直把坏账藏起来吗？ P2P 曾经就是这样干的，只不过 P2P 做得更过火，逾期和不良在财务报表上都可以变成 0。

众所周知，捷信、招联和马上消费金融公司面对的客户和蚂蚁金服、微众银行、拍拍贷、趣店是同一个客群。在这个群体的信用光谱上，有的信用稍好一点，有的信用糟糕一点，最上层的客群信用资质接近银行和信用卡的下限，所以消费金融公司都希望获得这部分客户，他们违约风险较低，当然，信用上移的代价是，贷款利率水平只能下调，这又会影响消费金融公司的收入。

本质上，消费金融市场上的客群争夺是个“零和游戏”，在机构争相降低授信标准、提高授信额度的无序竞争状态下，一个次优级客户可能会被多家机构共同放贷行为弱化为一个次级客户；同样的，一个次级客户在众多放贷机构的进攻下，可能最终被淘汰成一个信贷黑户。我们把这个现象叫作次贷市场“信用污染”。

在传统信贷中，“信用污染”现象也存在，只是具有零散性和偶发性。但在大数据和互联网工具的介入后，次贷市场的“信用污染”从范围、深度和速度上都大大扩张，其后果是毁灭性的：信贷市场上的很多信用主体或短期或永久地消失了，没有消失的也留下了很多信用污点。

2019 年下半年时，马上消费金融创始人赵国庆曾对消费金融市场做出一个判断，2020 年或 2021 年后消费金融行业会回归更有序的状态。这个有序可能指两个方面，一是监管层面对行业的整顿基本结束，市场完成不良机构出清，未来以持牌机构为主；二是行业参与者之间需要优胜劣汰，完成对市场份额和客群的分割。

或许是基于以上判断，马上消费金融 2019 年下半年开始主动收缩，将客群上移，应对行业信用环境的恶化。事后看，这一做法牺牲了短期经济利益（2018 年净利润增长不大），但可能避免了更多坏账的产生，尤其是 2020 年初新冠疫情的爆发，使大批消费金融机构的坏账上升较快。

消费金融行业面对的是一个非常脆弱的客户群，在经济下行周期，这个客群会如何演变？可供借鉴的历史经验是较为匮乏的。那么，如何平衡收益与风险就成了“踩高跷”游戏，跑得过快或原地不动都很容易摔倒。

在消费科技公司创始人中，马上消费金融的赵国庆可能是最相信科技改变行业未来的一位。马上金融在科技方面的投入力度确实很大，2019 年末，该公司技术团队超过 1 000 人，过去几年研发投入 8 亿元，在消费金融公司里是很高的。赵国庆希望以核心技术自主知识产品为抓手，打造技术开放平台，对外输出数字化能力。

转型金融科技输出平台可以视为一种未雨绸缪的多元化战略。客观看，在监管趋严、经济下行、获客成本高涨、共债风险上升的大环境下，加大科技投入不失为一个明智的中长期战略。

但高科技一定能拯救消费金融行业吗？我们并不这么认为，科技可能会拯救这个行业中个别优秀的、具有高效管理团队和清晰战略的公司，但不会带领所有公司穿越动荡的周期风暴。

本章参考资料：

捷赢 2020 年第二期个人消费贷款资产支持证券发行说明书及信用评级报告.

招商银行 2017—2019 年财报；招联消费金融 2018—2019 年年度报告.

安逸花 2020 年第一期个人消费贷款资产支持证券信用评级报告.

第十七章

大数据催收：法律、道德匮乏的土壤不会生出希望之花

催收业在当前大环境下，更像是一种催回率与合法催收的平衡术。要高催回率，需要非常手段；要合法，在当前规制环境下，催回率必然下降。目前，适合催收业生存的道德和法律的土壤是相当匮乏的。

（1）千年骂名下的催收业

自唐宋时期放贷行为兴盛以来，“讨债”作为催收行业的早期业态发展至今，已有近千年历史，但讨债人和催收人一直背负着恶名。

新中国成立后，较重要的一份关于催收行业的政策文件于1995年颁布，公安部、国家工商行政管理局印发了《关于禁止开办“讨债公司”的通知》。此后，催收行业一直“匿名化”发展。

1995年之后的20多年来，催收公司一般以商账管理、信息科技公司等名义开展业务，行业从业者几乎是“黑恶势力”的代名词。2013年以来，专业化队伍开始出现，律师、资产管理、金融等领域从业人员开始掘金催收业，行业进入多元性和混杂性局面。

2013年前后的互联网金融崛起，带动了很多上下游产业链。除了上游的大数据征信，下游产业的催收也是互联网金融产业链中的关键一环。从2013年至今，催收和P2P网贷呈现倒挂现象，当网贷平台的数量从2015年巅峰时的存量5 000多家，到2020年3月底仅剩下139家时，催收机构却从2013年时的名不见经传，成长到如今几千家之多。

中国互联网金融协会业务一部主任沈一飞曾披露过一组数据，截至2019年5月底，中国互联网金融协会的中国互联网金融举报信息平台累计收到举报信息26万余条，举报主要内容聚焦不当催收、畸高利率、侵犯个人隐私等。仅2019年5月份，平台就收到6 717条举报信息，其中不当催收、畸高利率、侵犯个人隐私问题占比高达89%。

2016年，河南牧业经济学院大二学生郑某由于高利向网贷平台借款之后无力偿还，转而以贷还贷，在14家校园网贷平台“拆东墙补西墙”式负债近60万元，最终在软暴力催收下绝望跳楼。

站在互联网时代的高利贷高楼上，能看见这桩惨剧的几个因素，一个是“自杀式贷款”，一个是高息暴利放贷。而直接导火索则是暴力催收。

种种负面信息的曝光，让催收行业几乎成为“恶”的代名词。催收行业发展至今，面临最迫切紧要的问题是，没有主管部门，没有专门的立法。这些使得债务催收公司的法律地位不明确，催收从业者惶恐不可终日。往左走一步，或是促进金融业健康发展的一种助力，而往右走一步，很有可能成为被扫黑除恶打掉的对象。

目前，适合催收业生存的道德和法治的土壤是相当匮乏的。

（2）平衡艺术：行业痛点和需求的双边敲打

2019年4月，媒体报道了员工超2 000人的淳锋资产涉嫌违规催收被深圳警方查封一事，而淳锋资产的两名自然人股东都是淳锋律师事务所的执业律师。

律师从事催收业，本是一件知法懂法、可规避风险的事情，为何陷入违法的泥潭？

实际上，催收业在当前大环境下，更像是一种催回率与合法催收的平衡术。要高催回率，需要非常手段；要合法，在当前规制环境下，催回率必然下降。这种平衡术下，无论资产方自建的催收团队，还是第三方催收，都有来自资产方的压力。

按照监管对象来划分，当前催收行业可以分为银行业机构催收团队、互联网信贷公司催收团队、第三方催收公司，三者中，第三方催收公司群体最为庞大，是2013年之后催收业崛起的主要业态。

目前我国催收行业的业务特点是，它仍是技术和劳动密集型相结合的工作。这点在互联网金融公司的贷后催收需求中很明显：要保持大规模交易量，贷前不可避免地会在风控上降低标准，导致贷后客户质量恶化，逾期率更高，催收团队规模的增长就要高于放贷规模的增长。如果一家互联网金融公司一年贷款增加3倍，就意味着对催收电话座席的需求高于3倍。

当前催收业的技术与劳动密集型结合的工作，还体现在其人力、技术和系统化融合运用过程中。在展业上，催收公司通过系统的职业培训，覆盖催收工作中的法律、金融、德育、系统操作、话术、客户服务技巧、情绪的控制等催收步骤；在之后的催收工作中，催收工作人员运用科技手段，有技巧性地与客户进行一对一沟通，构成了一个完整的催收业态。

整体来看，催收业存在的制度根本性问题，让行业本身存在很多痛点：由于公众对催收行业的认同度普遍不高，从业人员面临舆论和家庭的双向压力，归属感低；由于无专门立法，主管机构，行政、司法机构在打击非法催收时，操作上容易一刀切式执法，误伤合法合规催收；催收业人力密集且效率低，从被催收人角度看，体验也很差；催收业本身发展受监管制约，展业、创新缓慢。

无监管状态的催收业不敢稍越雷池。在技术层面，现阶段催收业许多企业仍采用账龄分类等原始催收管理方式；催收策略采用行内自有数据建立催收评分，维度有限、视角不足，并且受限于数据和样本，策略验证、对比、调优等环节缺失。

（3）被寄予厚望的大数据催收

2013 年之后，催收行业开始“上网”，产生了“大数据催收”的新形态。在互联网的新外衣下，催收行业因多元化的技术手段“诱惑”，陷入更复杂的道德与法律困境。比如，采集信息过程中容易触发隐私侵犯，短信与电话催收中容易突破“软暴力”边界，新技术带来了新问题。

大数据催收的兴起，让催收在策略、技术层面得到丰富。比如，第三方催收公司对逾期客户画像，通过多维度、全方位的数据补充，方便催收人员制定更有针对性的催收话术，找准施压点，提升催回率。

一些第三方催收公司利用大数据，建立了对债务人的催收评分，以客户自有数据加第三方大数据，建立催收评分模型，对客户的还款可能性进行打分、分层，并制定催收策略，能提高催回率。

2020 年新冠肺炎疫情期间，从媒体报道来看，催收回款率下降了 20% ～ 90% 不等。这种催回率低并不全因逃废债。受疫情影响，催收员无法到岗、无法上门导致的效率下降，以及借贷人还款能力下降，都成了催回率低下的因素。

这恰好是一种极端情况下的催收业压力测试，催生了对催收业的线上化、智能化、科技化要求。

催收是金融风险管理中重要的一环。越是经济下行、极端情况，风险管理重要性越是增强，不良资产化解诉求也越强；加上反催收联盟出现、反催收手段的加强，催收行业对科技的需求将大大增加。

（4）催收到底是不是洪水猛兽？

从历史经验来看，“讨债”这一行为自金融业出现以来就从来没消失过。一个饱受争议的行业，若不引导监管、束缚校正，在暴利的驱使下，或将走向更邪恶的地狱。这个行业劣币驱逐良币的现象将更为惨烈。

从经济学系统来看，催收行业是信用服务市场的组成部分，是整个信贷链条分工不断细化的表现和不可或缺的一个环节。学者徐昕的《论私力救济》中的一些观点，或能用来说明催收的必要性。徐昕认为，在私力救济的框架下——如第三方催收，债务人存在合作的倾向。如果进入公力救济的司法程序，债务人的对抗性显然提高，债权人的目标就很难达成，成本更加高昂。

在民法中，有私力救济和公力救济的概念，私力救济是依靠自身的实力，通过实施自卫行为或者自助行为来救济自己被侵害的民事权利。法学学者梁慧星认为，国家欲进步，私力救济的范围要日益缩小，所以现在法律以禁止私力救济为原则，私力救济原则上是被禁止的。

徐昕认为，在一个运作良好的社会，公力救济和私力救济、社会性救济应该保持良性互动关系，形成相互并存、衔接、配合和补充的多元化解决纷争机制和权力实现途径。

在发达国家，对催收业的严格监管使得其在法律框架之下发挥了良好的效果，来自美国的数据显示：截至 2018 年底，美国有 5 115 家催收机构，共催回 652 亿美元资金。在世界各地，经济合作与发展组织（OECD）债务催收的平均催回率是 77%，中国是 30% 多，欠发达的柬埔寨则只有 10% 多。

高催回率的原因并非全因手段高明，而大都因为征信体系、失信惩戒等法律规制的完善性。在发达国家，良好的监管环境和政策约束，使催收业成为经济市场生态的一环。

中国催收业的缺陷，不仅在于主管部门缺失、无专门立法、人人称恶，从上游层面来看，有信用体系漏洞的原因，从下游层面来看，也有个人破产制度等缺失的因素。

实际上，催收并不能从根本上解决债务违约问题。从制度层面来看，催收也不是个人债务问题的终结方式。

在发达金融体系里，个人破产法是对个人债务的根本解决制度，它既对个人债务兜底，也对个人进行惩戒。没有个人破产法，个人债务违约将引发一连串问题。

2016年，世界银行集团国际金融公司（IFC）和央行金融消费权益保护局联合发表了《中国债务催收问题研究》报告。该报告对我国催收行业提出了七大结论性建议，如今整个催收行业仍受这些建议的启迪：

（1）明确债务催收行业行政主管机构；

（2）推动出台债务催收行业法律法规，促进该行业的阳光化、规范化；

（3）研究组建债务催收行业自律组织；

（4）出台债务催收行业自律公约；

（5）关注债务催收行业高新科技催收手段的发展和规范；

（6）研究出台个人破产或个人债务清理制度；

（7）优化信用环境，严厉打击逃废债行为。

如今，这些建议中的大多数，仍是催收行业孜孜以求的愿望，整个行业都在从制度、市场机构行为规范、消费者金融教育等方面，寻求催收业更良性的发展。

第十八章

欢呼与警惕：大数据征信需要稳重前行

2013 年，随着互联网金融的崛起，围绕着 P2P 网贷和互联网信贷开展业务的平台发现，央行征信无法为业务提供有效支撑，银行的数据孤岛也无法共享使用，一大批稍具技术实力的 P2P 平台、信贷平台踏上了自我开发大数据风控系统的长征路。

⊙ 自发的大数据征信

2017 年以来，许多大数据公司因涉嫌非法收集个人信息、窃取公民个人隐私，被整改、起诉，但大数据风控模式在这几年里逐渐成形，商业应用价值浮现。在大数据风控产业的发力中，因为央行征信数据的短板、银行和互联网金融平台间的征信数据孤岛问题，P2P 借贷和互联网信贷大数据风控的“数据环”很难被满足，使得很大一部分做大数据风控的借贷平台，兼顾了用互联网手段进行信息采集、处理的业务，这正属于大数据征信的业务范畴。

这一阶段出现了大数据征信的两个基本面：一是数据大爆发；二是金融业务对征信的空前渴望。

IDC 题为《数据时代 2025》的报告显示，全球每年产生的数据将从 2018 年的 33ZB 增长到 2025 年的 175ZB（1ZB 相当于 1.1 万亿 GB）（见图 18–1）。2018 年，中国数据圈占全球数据圈的 23.4%，即 7.6ZB。预计到 2025 年将增至 48.6ZB，占全球数据圈的 27.8%，中国将成为全球最大的数据圈。

世界上有三种个人征信制度模式。一是市场主导，以美国、英国为代表。在美国，主导征信的是三大个人征信局：Experian、Equifax 和 Trans Union。二是政府主导模式，以德国、法国、中国等为代表，主要是中央银行建立中央信贷登记系统。三是以行业协会为信息中心的会员制，主要代表国家是日本。

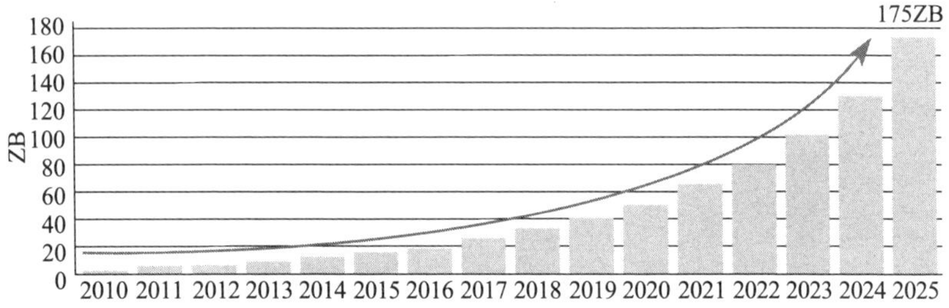

图 18-1　全球数据圈的规模（2010—2025 年）

政府主导的征信制度模式，在行业发展初期，需要足够的激励措施加速它的进程。从金融行业对征信的需求视角来看，新兴的互联网金融存在几个问题，急需大数据征信补短：一是共债风险突出，借款人在不同的平台之间多头借贷，使得单一平台的风控效果在面对市场整体信用风险提升时失效。二是数据孤岛问题，不同征信公司相互竞争，不同数据公司相互孤立，使得征信数据不能互通，征信和风控成本高企。数据孤岛的漏洞就在于，信贷平台之间、P2P 平台之间的用户共债信息并不共享，平台间彼此不会也不存在利益动力来协同控制用户可能存在的违约风险。三是金融服务对象下沉过程中对征信未覆盖人群的风控需求，需要通过互联网这一新的征信渠道进行覆盖。

从征信系统本身的问题来看，一直以来征信行业存在的短板包括：（1）数据来源方面，以财务数据为核心的小数据定向征信，来源于授信机构、供应链或交易对手；（2）产品服务上，产品种类少，即时性较差，获取不够便利；（3）技术方法上，单维度收集整理，人工为主，分析以财务数据风控为核心；（4）应用场景方面，企业应用场景较少，个人应用非常少。

于是，在这些通病和通识的前提下，个人征信方面，央行于2015年8月批准了八家试点机构，分别是芝麻信用管理有限公司、腾讯征信有限公司、深圳前海征信中心股份有限公司、鹏元征信有限公司、中诚信征信有限公司、中智诚征信有限公司、拉卡拉信用管理有限公司和北京华道征信有限公司。

两年过去后，八家试点机构没有获得征信牌照，市场判断是因为在个人信息保护方面不力的表现，让央行关闭了大门，并主导成了由中国互联网金融协会与八家试点机构合资成立的“百行征信”。

百行征信的难题

百行征信成立后，互联网金融行业的共债、数据孤岛问题有所缓解。由于它的身份背景，推动金融消费数据的接入更有动力。尽管百行征信宣称自己是一家市场化征信公司，但仍不可忽视它背后的半官方背景，这就决定了，除了数据来源要足够丰富和多元，它还能被广泛地采纳和使用。

业务模式上，金融机构、类金融机构、政府部门、八家股东、个人信息主体等是百行征信的数据源，数据接入主要有在线录入、文件批量、接口实时三种方式，百行征信借此推出个人征信系统、企业征信、企业评级等产品，并向金融机构、类金融机构等输入接口实时查询、文件批量查询、页面单笔查询、互联网服务等业务。

百行征信官方披露数据显示，截至2020年5月22日，其已拓展金融机构达1 710家，覆盖了20余类合作机构，涵盖P2P、小贷公司、消费金融、融资租赁、民营银行、村镇银行、城商行、农商行、全国性股份制商业银行等。签约信贷数据共享机构近千家，百行个人征信系统收录个人信息主体超8 500万人，信贷记录22亿条。

百行征信的出现对金融行业有几点改变：

（1）因信息孤岛造成的“多头借贷”局面将被逐渐击破。

（2）一定程度解决互联网金融行业彼此间的数据孤岛问题，征信问题由此前的分散的多个点，变为一个中心辐射多点。

（3）降低行业共债风险，意味着降低信贷杠杆率，降低信贷系统性风险。

（4）符合个人征信机构所需独立性原则，防止利益冲突；符合央行所要求的“开展业务要客观中立”。

（5）中国花费了十年，研发的征信产品依然十分有限，原因是缺乏市场激励机制，互联网金融崛起后，庞大的机构数量和市场需求，满足了其所需的市场激励机制。

百行征信成立后，原先的八家试点机构个人征信业务被剥离，而改为从事信用数据服务了，比如腾讯支付分、芝麻信用分，在充电宝租赁、共享单车租赁、酒店住宿、租房等场景上应用。

2019 年 5 月百行征信成立后，央行征信局局长万存知曾在中国信用高峰论坛上表示，前期开展个人征信业务准备的八家市场机构和中国互联网金融协会，作为百行征信的共同发起人和主要股东，不再单独从事个人征信业务，原有部分征信业务将剥离并入百行征信，其他业务可存续为数据服务公司。

自此，百行征信可以是一个节点，也可以是一个起点，解决互联网金融行业存在的沉疴旧疾，赋予它们一个更健康的环境。

意义重大的一次革新

从大数据征信行业本身的特点来说，它一定程度上模糊了征信“独立第三方”原则的边界，原来由独立第三方征信机构所做的事情，现在变为互联网金融机构、征信公司、官方机构都在做，大数据征信更加突出“行为性”，而非“行业性”。

这种行为性，本身是由于过去十年里征信在互联网金融行业里的缺失而引发的。P2P 网贷和互联网信贷的出现，引发了上游的大数据风控产业淘金热，它们在 2007 年前后出现，于 2013 年前后兴起，与 P2P 网贷、互联网信贷的展业有着相似的轨迹。

同盾科技、百融金服、聚信立、GEO 集奥聚合、白骑士、算话征信，大多涌现于 2014 年前后，这些第三方数据公司的出现，迅速满足并激活了消费金融、P2P 甚至银行金融机构的风控、获客、营销需求。

从关系来看，大数据征信属于大数据风控里的一环。P2P 网贷和互联网信贷平台中，许多公司自建风控系统，更多的则与大数据风控公司合作，大数据征信颠覆了传统征信从数据获取、预处理到分析建模等各个环节，形成对传统征信的有效补充。

传统信用评估模型是根据历史信用状况，以逻辑回归的方式来判断主体信用情况，这种方式偏于静态与滞后。大数据征信得益于大数据、云计算、人脸识别、深度算法等技术，将个人信用状况评价得更具时效、精准和肖像化，它数据覆盖广、维度多，不再局限于金融属性的信息，更能反映风险。

争议中前行

大数据征信在互联网金融领域的应用，一个很显著的特征是代替性数据的应用，这一部分，是值得谨慎的。

金融科技的信贷审核，在很多人心中是一个谜。如笔者身边的一个朋友，信用情况良好，长期在国企工作，经常性网购，月入 1 万元以上，在金融科技信贷产品上，借呗、微粒贷都没有授信，信用卡使用 10 年仅有 1 万授信。

反面例子是，另一个熟人在超过10家金融科技含量并不低的借贷平台上共债金额数万元，且无力偿还。

这种反差给人一种极不公平的感觉，原因是什么呢？

这背后，是复杂的大数据风控下的个人信用状况、网络行为和个人隐私信息的差异化风险定价。

2018年9月，美国政府问责局（GAO）曾发起一项针对10家Fintech放贷公司以及银行的调研，GAO认为，Fintech公司正在大量使用替代性数据进行信贷审核，并经由银行完成放贷，这有助于信贷扩张，但带来潜在风险。

GAO所谓风险，是代替性数据审核所伤害的信贷公平性和隐私侵犯问题。美国拟着手对信贷审核中的代替性数据使用进行伦理约束，以防止它成为“洪水猛兽”。

亚太未来金融研究院执行院长杜艳认为，美国的商业模式与中国并非完全吻合，但有雷同之处：复杂大数据风控下的个人信用状况、网络行为和个人隐私信息的差异化风险定价。

在国内，金融科技助贷公司为放贷方的持牌金融机构如银行、消费金融公司提供替代性数据风控建模。P2P网贷缺乏足够的传统征信数据支撑，对替代性数据风控的依赖则更大，甚至达到决定性的作用。

作为代替性数据，在传统征信数据之外予以补充无可厚非，可怕的是以大数据风控之名，行无风控之实，这时，能从普遍性角度反映一个借款人的财务状况、还款能力与意愿的指标，如学历、性别、地域等因素就会在审贷中被放大，公平性偏差也会放大。

央行研究局局长徐忠在《大科技公司涉足金融的挑战》一文中表示，电商平台有不断拉长应付账款周期、加剧小微企业资金紧张的情况。电商平台的收费项目也会加大小微企业的经营成本，可能非正常地增加小微企业的融资需求，从而为电商平台的金融业务创造需求。在极端情况下，小微企业可能落入电商平台的金融陷阱。

同样的情况也出现在个人身上，个人在 P2P 平台上的借贷，由于无力偿还，平台会指示个人去另一家平台借款偿还债务，个人就此陷入“金融陷阱”。前文提到 2016 年河南牧业经济学院大二学生郑某的悲剧就是这样发生的。

徐忠认为，如果将客户个人信息用于信用评估，可能影响信贷的公平性，有一些指标比如性别、地域、职业等可能对客户的还款能力有解释力，但根据这些指标进行放贷，会涉及对某些人群的歧视。

中国人民大学法学院博士研究生廖宇羿在论文《我国个人信息保护范围界定》中提议，应参考欧盟条例的相关规定，对数据分析行为进行清晰界定，并明确，若自动化数据处理用于评估个人特定方面，如工作表现、信用、可信赖度、行为表现等，评估结果对个人产生法律效果或重大影响时，个人有权不受该评估结果的约束。这可以视为个人对大数据的不公平信审的一种反驳机制。

总之，大数据征信作为一种模糊了边界的征信行为，机构的自主性扩张了，在道德、伦理层面，需要警惕它的动向，防止滥用，保证其公平、公正性。